LIFE

生命
摆渡人

汪勇◎口述 | 沈嘉柯◎著

FERRY

人民日报出版社
北京

图书在版编目（CIP）数据

生命摆渡人 / 汪勇口述；沈嘉柯著 . -- 北京：人民日报出版社，2020.5
ISBN 978-7-5115-6364-4

Ⅰ.①生… Ⅱ.①汪… ②沈… Ⅲ.①汪勇－自传 Ⅳ.① K828.9

中国版本图书馆 CIP 数据核字 (2020) 第 055727 号

书　　名：	生命摆渡人 SHENGMING BAIDUREN
作　　者：	汪　勇　口述 沈嘉柯　著
出 版 人：	刘华新
责任编辑：	张炜煜　贾若莹
版式设计：	阮全勇
封面设计：	李尘工作室
出版发行：	人民日报出版社
社　　址：	北京金台西路 2 号
邮政编码：	100733
发行热线：	（010）65369509　65369512　65363531　65363528
邮购热线：	（010）65369530　65363527
编辑热线：	（010）65369509　65369514
网　　址：	www.peopledailypress.com
经　　销：	新华书店
印　　刷：	大厂回族自治县彩虹印刷有限公司
法律顾问：	北京科宇律师事务所 010-83622312
开　　本：	710mm×1000mm　1/16
字　　数：	150 千字
印　　张：	16
版　　次：	2020 年 5 月第 1 版
印　　次：	2020 年 5 月第 1 次印刷
书　　号：	ISBN 978-7-5115-6364-4
定　　价：	56.00 元

"只要医护人员呼唤,我们随时都在。"
"我觉得他们在为我拼命,他们觉得我在为他们拼命。"

——汪勇

目录

CONTENTS

引 子 / 001

第一章
武汉封城，震惊世人

1. 事情大了 / 007
2. 来自金银潭医院的求助 / 012
3. 护士在流泪：疫情告急 / 021
4. 更多人加入接送医护人员的队伍 / 036
5. 急上加急，医护人员的吃饭问题火烧眉毛 / 045

第二章
与他并肩作战的人

1. 搬不动这块石头，我就绕过去 / 061

2. 机缘巧合，遇上肯担当的人 / 065

3. 修手机换眼镜，买球鞋安洗衣机……找勇哥 / 072

4. 与他并肩作战的人 / 087

5. 在仓库住着吃泡面 / 096

第三章
武汉啊，武汉

1. 我们美丽的家乡，一个卧虎藏龙的城市 / 103

2. 阳台敲锣求助的女孩 / 115

3. 小纸条写下最后的叮嘱 / 121

4. 那些拼死拼活的本地医院工作者 / 126

5. 最悲伤的消息 / 130

6. 你安心上班，我解决问题 / 138

7. 汪勇团队的日常一天 / 143

8. 武汉，终于走出至暗时刻 / 149

目 录
CONTENTS

第四章
如风的青少年时代

1. 童年的汪勇,是个不让人省心的孩子 / 161

2. 和妻子会互相迁就 / 172

3. 温柔的男人 / 178

4. 第一次感觉到书的力量 / 182

5. 曾有个亲爱的姐姐 / 188

6. 对心爱的女儿,他改变了期望 / 191

第五章
在顺丰成长的日子

1. "人飘了" / 197

2. 当上顺丰小哥 / 201

3. 热心快肠,能帮就帮 / 206

4. "最美快递员"汪勇火线入党 / 213

5. 关于未来,他想一直把公益做下去 / 216

尾声:夜行路上的一盏烛光 / 223

后记:哀悼与致敬 / 229

附录:《金银潭日记》节选 / 235

参考文献 / 245

引 子

天真烂漫的少年，嫌弃着过年回家又要被父母唠叨了。他当时不明白，人生中有至亲唠叨，是多么幸福。

任性自我不爱收拾的女孩，总是和母亲闹着小脾气。她当时并不知道，有一天，会再也听不到母亲的唠叨。

年过花甲的老人，拎着从超市买回的好菜，盘算着团聚的春节，又能跟孩子们亲亲热热在一起。他当时不知道，他会倒在寒冬里。

爱吃炸鸡爱喝啤酒的"80后"医生，计划新年好好陪伴家人孩子。他也不知道，自己会熄灭在人世间，化为夜空中

生命摆渡人
Shengmingbaiduren

的星。

喻家山的教工家属区，已是国之栋梁的名校教授，人到晚年仍然精神矍铄，老骥伏枥，为国效力。他们当时也不知道，自己会等不到2020年的春天。

……

高铁站里出国旅行阖家欢乐的人们，更加想不到，竟会陷入颠沛流离。

隔离在泉州某个酒店里的武汉人，生命终结于建筑物的坍塌。

所有幸福，就此停滞。

武汉啊武汉，它本来是我们最可爱的家乡：九省通衢，白云黄鹤。

怎料一夜之间，命运急转直下，化为最残忍的深渊。

疫情蔓延，疯狂肆虐，千万人口的大城，卷入悲苦的滔天巨浪。

惊涛骇浪中，风雪夹击，成千上万人不幸染病，重患垂危。

泣血锥心流尽眼泪，仓皇奔走求救呼号。

病毒不仁，以万物为刍狗。

有人临阵脱逃，也有人挺身而出。

有人罔顾职责，更多人坚守使命。

引 子

有人遮盖隐瞒,四面八方来人冒死驰援。

除了同舟共济,我们别无选择。

我们的中国,总是被我们最勇敢的人保护着。

志愿者、医护人员、社区工作者、快递小哥……
他们是生命的摆渡人。

越过刺骨凛冽的冬天以后,我们必须记住那些人。

谨以此书,献给成千上万的摆渡人之一:汪勇。

The first chapter

第一章

武汉封城，震惊世人

- 事情大了
- 来自金银潭医院的求助
- 护士在流泪：疫情告急
- 更多人加入接送医护人员的队伍
- 急上加急，医护人员的吃饭问题火烧眉毛

第一章
武汉封城，震惊世人

1. 事情大了

汪勇真正觉察到事情大了的时候，是在 2020 年 1 月 23 日。凌晨 2 点，武汉封城。

这个震惊世人的消息，从武汉扩散到全中国，乃至全世界。当天晚上耿耿不寐的人，最先看到这个消息。

"自 1 月 23 日上午 10 时起，全市城市公交、地铁、轮渡、长途客运暂停运营；无特殊原因，市民不要离开武汉，机场、火车站离汉通道暂时关闭。恢复时间另行通告。"

这是疫情发生后的第一号通令，落款是武汉市疫情防控指

生命摆渡人
Shengmingbaiduren

挥部。

被雷霆霹雳一般的新闻冲击之后,原本习惯晚睡的人,更加彻夜难眠。我也是其中之一。

大部分还在睡梦中的人,无法想象,醒来后一切都被改变。

网易新闻提到,有一个游客,在电视里看到了钟南山院士的采访,"人传人""医护感染",顿时紧张起来,警觉到有什么开始不对劲。于是他只用了5分钟就收拾完行李,飞速赶往汉口火车站,趁着封城执行前,"逃离"武汉。如果再不走,那就走不掉了。

天亮以后,汪勇同样得知了这个消息。

其实在封城之前,汪勇看过的疫情新闻,不超过三篇。虽然手机新闻一直在各种平台上推送,但他都没有点进去。感染了多少人,确诊了多少人,死亡了多少人,都没看过。那段时间他忙着工作,什么新闻都不看。

甚至,当时的他,心里还没有害怕的感觉:"我就看我关注的事情而已,当时我还没了解疫情和这个病毒,只是觉得事情大了。"

还有很多的武汉人,在更早的时候,完全没有觉察到,这个病毒有多么可怕,传染性有多么猛烈。大家也不会想到,武

第一章
武汉封城，震惊世人

汉竟然遇到这么大的灾难，严重到封城的地步。

2019年12月底，在武汉繁华的汉口商业区，熙熙攘攘的江汉路上，外地游客和本地居民，逛街购物，一起跨年。人们在一起聚餐吃饭，举办宴会。

欢乐祥和的氛围，还没有被打碎，噩梦早已潜伏在四周，而我们，犹未惊醒。

汉口在长江以北，另外一个闻名全国的地标光谷，则位于长江以南。同样地，在光谷，数量庞大的大学生，也在光谷步行街迎接着新年的到来，灯光璀璨，在这个青春的海洋里，洋溢着年轻的热情。

2020年1月20日前后那几天，网上还流传着一个开玩笑的段子图：一年轻男子坐在莲花座上，配的文字是"我是武汉人，莫挨老子"。这是一句武汉方言，意思是别碰我。

十几分钟后，就有网友修图，给这个男子的脸上加上了一样东西，疫情中最紧缺的"口罩"。当时的武汉人，还在拿自己开涮，还能笑一笑。

可是武汉人万万没有想到，这之后的日子，我们再也笑不出来了，很多人，几乎把一生的眼泪都流干了。

从一开始武汉市卫健委通报说"人不传人"，到后来变成了"有限人传人"，有的专家站出来说，症状跟流感差不多，

生命摆渡人
Shengmingbaiduren

让大众不要恐慌。再后来……

汪勇当时不仅对这个病毒没什么感觉，而且他以为，这玩意儿就像流感之类的东西。

最开始听说汉口那边有病毒爆出来，汪勇就知道，是从华南海鲜市场传出来的。那几天他因为工作的缘故，经常会经过这个地方。所幸，那附近很少有他工作补货的货架。

他工作的顺丰速运营业网点位于武汉市将军路，日常他主要负责"丰e足食"无人货架的经营，主要职责是给货架补货。

这些无人货架分布在一些公司、企业、医院等地方。还有一种无人货柜，是开放式的，摆放在企业茶水间内，出售一些可以填饱肚子的食品。因此，他日常接触的人倒不多。

在汪勇眼里，"它很像自动售贩机。扫个码，叮咚，掉个东西出来。我们也会通过它的销量来定期补货，维护客人，或者保障机器正常运转。这是我的工作"。

汪勇以前也做过快递员，总的来说，他觉得这两类工作没有多大区别。

不过，他所在的那个地方，距离华南海鲜市场只有五六公里。

在给货架补货的时候，汪勇也听到有人谈论这个事，他自己没有去买口罩防范，也没有提醒家人买口罩，"我都没把这

第一章
武汉封城，震惊世人

个事情当个事，家人可能还时不时嘀咕一下这个事情。那就是一个谈资而已"。

直到封城，汪勇觉得，这个事情，反正就是"戴个口罩，事不关己，离我很遥远"。

农历腊月二十六的时候，汪勇还去了青山（武汉的一个中心城区）支援，公司组织他过去，给别的快递小哥帮忙。

也就是在那边，他抢购到了一些口罩。

那个时候，武汉市很多地方已经没有卖口罩的了，口罩变成紧缺物资。汪勇买到的口罩是2块钱一个，一包20块钱。

他很感慨："买了十包，好贵啊，当时觉得200块钱就买那么一点点口罩，真的好贵啊！就感觉有人在发这些财吧，当时心里还蛮不爽的。"

虽然觉得封城的事大大地超出了自己的想象，汪勇还是按照平时的工作节奏去上班。

封城的第二天，就是大年三十。因为心情紧张，那天，汪勇又去了超市，这一次他买到了N95口罩。他准备赶紧回家，就像别的家庭过春节一样，和老婆孩子、父母一起吃年夜饭，聊聊天，一起看春节联欢晚会。

就在这个除夕夜，汪勇玩着手机，在朋友圈看到了一条金银潭医院护士的信息。

2. 来自金银潭医院的求助

令武汉人闻之色变的金银潭医院,其前身是成立于1929年的"武汉特别市传染病医院"。

新中国成立后,在1950年,医院迁到汉口天主堂梅神父医院,正式更名为"武汉市传染病医院"。

后来它成为武汉市医疗救治中心,是武汉唯一的省市共建的公共卫生医疗救治基地。这家有着近百年历史的医院,本地的老武汉人都有印象,知道它收治的是传染病病人。

这家医院现在的院区,位于东西湖区,在武汉的三环线以

第一章
武汉封城，震惊世人

外。它很"特殊"，对于市民来说，都希望一辈子别去这个地方。

最早收治新型冠状病毒感染的肺炎患者的，就是金银潭医院。2020年1月2日，据湖北之声的报道，元旦后的第二天，在一位一线护士的日记当中，她写道：

"突如其来的任务。接医院通知，我们要收治不明原因肺炎病人，一夜之间，要把原有的整个病房肺结核住院患者全部重新安置。护士长手写了一份长长的名单。鬼知道这一夜之间我们经历了什么。总之，我们全做到了！大家忙碌而又从容的样子，就好像我们前生真的是天使。"

2020年1月4日，这群勇敢的天使穿上防护服，正式上战场。当天凌晨，护士长还给她的"士兵们"拿手机拍了照。她们开始"采样送检，每人一份，取咽拭子、采血、打针、发口服药……并认认真真拿红笔记下来"。

但她们没有料到，这么多人连轴转，作息仍然调整不过来，护士长每天都要排班到深夜。面对危险的病毒，她们自己也害怕发烧，准备了体温计量体温。

到了2020年1月20日，这位护士的日记中出现了这样一句话：

"半夜开会是领导们的家常便饭。听说我们的张院长，会没开完就哭了。"

生 命 摆 渡 人
Shengmingbaiduren

一家如此重要的医院的院长,开会中竟然哭了。

空气越来越紧张,更多的麻烦和危机,还在后面埋伏着。

到了2020年1月23日,武汉封城,公交地铁都停运。年轻的护士在她的日记里这样写着:

"今天下班不能坐地铁了。我们都相信,困难是暂时的,光明就在前方!加油!美少女战士们!"

写这段话的小姑娘,毕业不久,家在青海,来到武汉工作。晚上下夜班时没有地铁,也打不到车,回不了自己的出租屋。她的同事开车看到一边走一边哭的她,送她回家。但同事也没办法天天兼顾送她。她只能自己给自己打气加油。

武汉是一个面积非常大的城市,比如居住在武昌光谷的我,如果到汉口澳门路的书店,要跨越一条长江,相距二三十公里,正常情况下,需要一两个小时。

没有了公共交通,只能走路回家的,不仅仅是这个家在青海毕业不久的小姑娘。

整个金银潭医院的医护人员,除开有私家车或离家近骑电动车的人,都面临着必须走路回家的大难题。

命运在这一刻,让汪勇和金银潭医院的护士连在了一起。

除夕夜当晚,汪勇在朋友圈里看到了这位护士的求助。那是一个二维码,别人发在微信的朋友圈里。在二维码的图片上

第一章
武汉封城，震惊世人

面，附了一段文字："如果您是在金银潭区域内东西湖区，有车，想接送医护人员的，您可以进这个群。"

有些人帮这些求助的医生护士转发，他们就是想搭建一个平台，谁有车，就来帮一把。

汪勇几乎是条件反射似的涌出一个想法："我要进去看一下，这个事情太严重了，超出我的想象了。"

当时的他还没有考虑到"我要去接他们"。

他的第一想法是，"我要进去看看医生的聊天有没有什么确切信息，了解一下现在到底是个什么样的状况。我了解得越多，之后我的家人就越安全"。

此刻的汪勇，在跟老婆孩子吃年夜饭，吃完了以后，就坐在旁边，靠着沙发，看到那个群，点了进去。

进了聊天群之后，汪勇很失望。群里没有医护人员说话，大家只发需求，但没有人理会。

晚上10点左右，汪勇一边在心里琢磨着，一边盯着手机，结果他发现状况很糟糕："别人一直发信息，但是一直没有人接。"

有一条求助消息里写着，"求助，我们这里限行了，没有公交车和地铁，回不了家，走回去要四个小时"。

这个求助消息，是在下午6点钟发布的，然而，一直没人

生命摆渡人
Shengmingbaiduren

接单。

汪勇在心里分析着状况，那么多人有叫车需求，却没有一个人接，那个医院的地理位置又比较偏，处于三环线以外，而且位置太凶险了，没人敢去那里。这种情况下，说明他们肯定绝大多数人得走回去。这让汪勇也为他们担心起来。

汪勇自己有车，他负责的工作区域，就在金银潭那一带，医院对面以前还有他的丰e足食店负责的货架，直到现在也有。

而且，作为一个武汉人，他家所在的常青花园，距离医院只有6公里多。

汪勇很明确地知道这是一家什么医院，而且他也知道，金银潭医院现在是武汉市收治确诊病患的传染病医院。

以他过往的生活经验，连的士司机接送去金银潭医院的人，都是隔个几百米就要把人放下来，还会对乘客说道："你赶紧走，我们不会过去的，你自己走过去，我只能送你到这里。"

这样一个凶险的地方，情况很严峻，传出来求助的信号，怎么办？

况且，这样一个地理位置偏远的地方，滴滴司机和普通的士司机，也不敢出来跑业务接送人。怎么办？

汪勇只觉得自己的胸口里"有个小鹿在撞啊，撞啊，撞啊"。

第一章
武汉封城，震惊世人

他想不出更好的形容词了，只能用"小鹿乱撞"这个词语，来描述内心的忐忑和不安。

在这忐忑不安中，他又隐约有一种冲动。他其实是个性格大大咧咧但情感丰富的人。

"出去带带他们……"这个念头浮现在汪勇的脑海。

这些医生护士，这个样子是不行的，天天走回去，太不现实了。汪勇当时还不知道他们工作的状态到底是什么样——后来，他了解到，金银潭医院的医护人员，每天要工作16个小时到18个小时。

就像那个护士日记里所说的，排班到深夜，危重又紧急，已经顾不上吃饭休息。

在金银潭医院"南一护理群"中，有人记下了当时的工作状态。

她们呼出的气体模糊了眼镜和护目镜，视线可见度最多只有5米。

在这样的全副武装下，她们的身体就像是在蒸桑拿，精力和体力更容易耗竭。穿衣服脱衣服至少需要20分钟，上个厕所的代价太大了，以至于她们都不敢喝水……

与此同时，她们"每个人小心地隐藏着自己的焦虑恐惧，做着敬畏生命的事情，背后可能还会面临病人的指斥和非

生命摆渡人
Shengmingbaiduren

议……""喝不了水,吃不好,睡不好",但她们仍然互相在防护服上写"美少女战士",彼此加油打气。

她们在战斗,但是,当她们完成一天的战斗,短暂回家休息的过程,却变成了大难题。

尤其是到了除夕夜,2020年1月24日的时候,随着病患数量不断增加,压力如沉重的山。

汪勇看着聊天群里的求助,没有人接腔搭茬,他开始权衡。

他心里的小鹿,一直不停地乱撞。

他心想,医生护士走路回去的那个时间,很宝贵,他们很想睡觉,但在科室里面睡不了。那么,"我在家里能干吗?"

汪勇有个接近3岁的女儿,出于安全考虑,孩子不能下楼,他可以跟女儿在家里玩,可以玩得很开心。平时小姑娘最喜欢跟爸爸玩,汪勇很会逗女儿,可以让她玩到忘掉下楼的地步。他的妻子彭梦霞,也比较小女人。在家里,一直把汪勇当成依靠。有老公在家,她就会很开心,也会很安心。

"至于爸妈,我如果在家的话其实帮不上什么忙,最多帮做一点点家务,这是我在家能做的所有事情。如果我出去我能干吗?我当时的资源,只有一台车。"

那是一台五座的小轿车,汪勇平时用来送货。

第一章
武汉封城，震惊世人

从能力角度出发，汪勇确信，他可以用那台车接送医护人员上下班。

求助的群里有那么多的需求，他还默默计算了一下援助的效率：

"我一天要带 30 个人，肯定带得了。我就出去带 30 个人，一天接一个人，一个人节约 2 个小时，一天就是 60 个小时，很有意义啊！"

这 60 个小时，医护人员可以用来救治多少条生命？

这道题的答案，清晰直白。

汪勇觉得："我出去的意义，大于待在家里的意义。"

权衡了做不做，汪勇马上考虑起安全问题。这个病毒，这个疫情，到底到哪一步了？

他紧张地在网上搜索疫情相关新闻，努力了解这个病毒。

"这是个什么病毒？会怎么侵入我的身体？它有哪些弱点？需要我注意哪些方面？我需要准备哪些物资？如果我在接送医务人员的时候不小心感染了，那么这个病毒对我的杀伤力有多大？最严重的杀伤力的概率有多大？"

其实，汪勇最先想到家人的安全问题，他如果出门，必须跟老婆孩子和父母交代好，他每个星期买一次菜回来，或者每四五天买一次菜回来。

生命摆渡人
Shengmingbaiduren

在他们不下楼的情况下,他们是绝对安全的。

汪勇的妈妈是一名"三高"患者,血脂血压高,加上有糖尿病,已经注射胰岛素很多年了。他的女儿还不满 3 岁。这一老一幼的健康安全,他必须小心。无论如何,出门去接送金银潭医院的医护,存在感染风险,他绝不能把这个风险带回家。

他心想,他要去上班赚钱养家,老婆是拒绝不了的,这样就可以保证自己百分之百能出去。

至于他自己,在外头也相对安全。他今年 35 岁,正是壮年,平时身体不错,工作中也在做大量体力活,再加上常常运动,爱打篮球,身体一向健康。汪勇考虑了自己的年龄、身体素质,他有了信心,他觉得新冠病毒的那种伤害可以忽略不计。

一旦跨出家门,至少个把月回不了家。

所有这一切的心路历程和权衡,汪勇其实在不到一个小时内,就全部考虑好了。

既然风险不大,那就不用再考虑下去了。

他决心已定,出门去。

剩下的,就只有一个准备工作。

想方设法瞒住家人。

第一章
武汉封城，震惊世人

3. 护士在流泪：疫情告急

下定决心那一刻，汪勇凝视着自己身边的家人——全家人都吃过了团年饭，孩子的压岁钱也给了，爸妈正在看电视，老婆和女儿在床上一边玩耍一边看着动画片。这是他最在乎最深爱的温暖小家。

他的心意已定，不留任何痕迹，继续玩手机，不停滑动着手机屏幕。他告诉妻子，他要去公司的网点临时加班，公司要派他值班。

有了孩子以后，他的妻子就在全职照顾女儿。听到这话，

生命摆渡人
Shengmingbaiduren

他的妻子也没有怀疑什么。

汪勇平时也很忙碌,早出晚归,而且是家里的经济支柱,所有的房贷车贷,都得他来还。看着汪勇忙于工作,她也不好反对。

等到夜里1点30分,汪勇跟那位护士联系,发消息说:"我来接你。"

然而,那位护士没有回汪勇信息。

汪勇只好耐心等着。

这个夜晚,他睡得晚,只睡了不到4个小时就起来了。那个时候他的父母,他的妻子女儿,还都在睡梦中。

凌晨5点30分,天都还没亮。汪勇匆匆出门,之后,又给那位护士打了个电话:"您好,我是过来接您的那个师傅,答应过来接您,您没回我信息啊?"

电话那头,那位护士愣了好几秒,没有回复。

汪勇猜测,她应该是不相信有人会来接她。

片刻,护士终于回过神来,对汪勇说:"哦,好。"

原来,她是夜班下班的护士,从大年三十开始晚间值班,到了第二天早上才下夜班,才能回家睡觉。

汪勇跟她说道:

"我跟你说一下,因为我所有的护具,只有一个N95口罩,

第一章
武汉封城，震惊世人

其他什么都没有了，你能不能提供一点酒精给我？"

在之前权衡思考的时候，汪勇查过资料，酒精能杀病毒，这对他来说，很重要，但他手头没有消毒酒精。

护士回答："我有，我可以给你带一点出来。"

汪勇说："好，你有，我就能来接你走。我5点50分把车停到约定的地点，就是医院的正门口。"

武汉的冬夜，天寒地冻。这个城市在中国地图上，中部偏南。不像北方有暖气，气候也没有南方那么温暖。武汉的那种湿冷，是可以钻进皮肤骨子里的冷。疫情蔓延，封城之后，金银潭医院又是在偏远位置，显得更加凄凉冷清。

清晨5点50分左右，天色还是昏暗的，汪勇把车停到约定的地点——金银潭医院的正门口。

护士从医院出来走上车子的一瞬间，汪勇明显地感觉到，她很紧张。这是个年轻的护士。

一个陌生男人的车，停在这个医院的门口。

这是人人都恐慌的时刻，打120都要排队不知道排多久的时候。而且是清晨6点。

汪勇心里明白，对于每个女孩儿来说，安全是一个底线。这样一个20多岁的小丫头敢坐上去，可能对她而言，真的没有别的选择了，只有这个选择。

生命摆渡人
Shengmingbaiduren

"她这个时候只能坐上我的车,而且她不知道我收不收钱,不知道我收多少钱,什么都不知道的情况下,只能上车。"

护士给了汪勇五分之一到六分之一瓶的酒精。

上车后,她给了汪勇一个很官方的问好:"谢谢师傅。"之后,她就不再说话,整个人看上去,完全没有沟通的欲望。

其实她不想跟汪勇沟通,汪勇也不敢跟她沟通。

汪勇观察了一下护士,她在车上,身体就往后面一靠,那个眼神是属于不动的,就盯着一个方向,仿佛筋疲力尽,再也没有力气。

"我感觉她上车之后,是听天由命的。上车之前,她有点害怕,之后应该没有了。"

结果,轮到汪勇开始害怕了。

虽然在出门前汪勇给自己反复做过风险评估、心理建设,事到临头,他的身体还是涌出一种本能的恐惧。

他开始担心,腿脚发抖。

汪勇一贯开车开得很好,然而,这一天,方向盘握在他手里的时候,出于本能,他时不时地就向右边的反光镜看一眼。

他总感觉自己的背后有个可怕的威胁,那无形的病毒,就在后面虎视眈眈,在他呼吸之间,病毒就会侵入自己的身体。

汪勇无法控制自己专心开车,时不时就会回头。

第一章
武汉封城，震惊世人

后来，汪勇就往后面瞟了一眼，看到护士哭了：

"那个女孩坐在我后面，流泪了，她就没怎么说话。她的哭，是那种没有任何表情的流泪。"

汪勇第一天所接到的大部分护士，以他亲眼所见，状态非常一致。坐上去之后，面无表情，没有说话的欲望，甚至感觉这个人没什么生气。

汪勇回忆：

"他们根本不可能跟我聊天，当时他们不信任我。"

汪勇把他们送到各自住的小区门口，仅仅是头一天接送的30个人，大家的住所地址，就天南地北。近一点的有常青花园、将军路，环湖路后面的奥林匹克花园，还有武昌的园林路。

在医院门口等待医护

生命摆渡人
Shengmingbaiduren

其中，大部分人住在盘龙城，那些比较远的医护，汪勇还送到过黄陂县城。再远的，就是汉口北附近的区域。

庚子年农历新年初一，也就是2020年1月25日，汪勇送完最后一名医护人员，回到自己上班的网点仓库。

接送了一天，他的N95口罩还够用一天，而且他没有其他护具，始终不安心。

他跟组织群的管理员联系，说：

"我想要防护服和护目镜，口罩也不够了，酒精能不能给一点？"

没想到，得到的回复是：

"不好意思，我没有。"

汪勇当时忍不住发了脾气。

他对那个群管理员说：

"你们组织这么个事情，要是参与的人出现什么问题了呢？那不就是负担了吗？那你组织这个事情干吗？最基本的防护要给别人啊！我这样找你要你都没有的话，那我明天怎么干？我干不了了。"

事实上，医护人员的状态，让汪勇不得不提高警惕。

最初汪勇还不是特别怕，但在这天接完所有的医护人员后，他的恐惧也升级了。

第一章
武汉封城，震惊世人

"因为我感觉他们那帮人的状态，都处于崩溃边缘，这让我感到很害怕。"

汪勇隐约在心里反推出了医院情况的严重性：

"我觉得他们如果一崩，我的小家也会随着覆灭，我不可能跑得了，这种疫情怎么可能跑得了？绝对会出问题。"

躺在床上，他就想着：

"如果没有护具，我的风险系数是翻倍的。我衣服上有可能沾到病毒，我的眼睛里面也有可能进入……这种翻倍的情况下，病毒对我生命的威胁也是翻倍的。所以那个时候就得考虑生死了，干不干？"

汪勇回忆当时的反应：

"你不给我护具我就不搞了。从当天晚上将近8点一直到夜里，我一个单都没接，就躺在床上。"

这没护具怎么搞得了？那不是拿生命开玩笑吗？

躺床上辗转反侧的时候，汪勇也在想，自己接了一天医护人员了，不能回家，得14天以后才能回去，就得在仓库里面睡14天，也不能接触任何人。

14天，是一个医生专家给出的隔离周期。

过后汪勇回想起来，又觉得挺不好意思的：

"别人已经尽了他的全力了，在这个环节中他能干的是什

生命摆渡人
Shengmingbaiduren

么?他有时间,有这份心,想把这个平台搭建起来,就不停地转发、不停地转发。他只有这个办法。他可能连自己的口罩都没有,你要他提供给你什么防护物资呢?他提供不了的。"

汪勇头一次出门,是以临时加班的理由。

第二天,他的妻子彭梦霞问他为什么还没回家,他撒了第二个"谎"。

这个谎是在出来的第一天晚上撒的。

汪勇告诉妻子,上班的时候,有个同事在他背后咳嗽了一声。

当天晚上6点多钟老婆打电话问他为什么还没回去,他说:

"我吃饭的时候摘下口罩了,离别人比较远,但是有个人从我身边经过,他咳嗽,下班的时候,他一量体温,温度偏高。我回不去了。"

他决定先睡在快递仓库暂时隔离,等到没问题再回家。

这把妻子吓坏了。

他的妻子彭梦霞,哭了半个多小时。

汪勇知道她肯定会哭的,就让她哭,发泄情绪:

"开始我老婆不听我解释,哭得稀里哗啦,后来情绪稳定后,才算同意。"

第一章
武汉封城，震惊世人

汪勇叮嘱妻子，在家里照顾好爸妈，照顾好孩子，他没问题的。他的身体素质不错，就算万一真有情况了，也就七天的感冒发烧而已。

"我在这边也还好，有地方睡。我现在就是要回来拿一下被子、行李、衣服，还有什么电饭煲、煮火锅的东西……你都帮我清好，放门口。我也不跟你们接触，我上来的时候会消毒的，我有酒精。"

当时汪勇还不知道他会帮到那么多人，他没有理由为自己辩解，只能先瞒住家人。

汪勇的家人把这些物品整理好，放在家门口。他家在7楼，他就从7楼把东西搬下来，搬了两趟，然后去了公司。

他住在公司的仓库，跟所有的人都保持距离。当天晚上铺完床单，煮了一点面条吃。

"从接第一个女护士，到后面接送其他人，"汪勇说，"我一直抖，抖了一天。"

大年初一这天，汪勇接送的每个人，下车的时候都要跟他扫码想付车费。他拒绝了。

汪勇对每一个人都表示：

"你这个红包我不能收。要不这样吧，这个时间我出来开车接送你们上下班，加个微信吧，到时候再去上班，给我发消

生命摆渡人
Shengmingbaiduren

息,我能接尽量来接你。"

他当时说的一句话是:

"如果这个时期收钱,您这个红包可能真的装不下。"

(一个红包最多200块,我不可能为了200块钱出来拼命。)

结果,这些医护人员加了微信之后,还是会给他转钱。

他们转的钱,汪勇都不会要,不会收。他出门做这件事,没想着赚钱。

消息传开,就有人也想坐汪勇的车。

护具不够,口罩也不够,万一感染了怎么办?汪勇有一点犹豫了。他劝自己:

"要不,算了吧。"

但是这天晚上,还有护士在发单求助,回家的地址距离医院几十公里。

还是没人接单。

生死就在一念之间,汪勇不能不想很多。如果自己遭遇病毒的伤害,家里怎么办?房贷车贷老人孩子……谁来管?

汪勇只能自己权衡:

"我自己衡量我能不能接受。我当天送了一天的人,感觉我能帮到他们。而且我内心是很敬佩这帮人的,一个教师、一个医生,我从小骨子里就认为这是我接触到的职业里面最神圣

第一章
武汉封城，震惊世人

的。所以我能帮到他们，也觉得很庆幸、很开心。而且我认为帮到他们，就间接地相当于我也救了很多人。所以我觉得这个事情可以做。"

之前汪勇也考虑过，如果这些医生护士也扛不住了，疫情彻底失控，自己的小家也是保不住的。

这些念头，在他内心天人交战。

第二天早上，汪勇7点多钟就起来了。

第一个单还蛮近，3公里多，他没接。第二个单就比较远了，是住在距离金银潭医院10多公里远的盘龙城一位上班的护士发出的。

汪勇接了。

一旦开始接单，他就再没有考虑生死的问题。

他得去帮这些去救命的人。

汪勇不收医护人员的钱，投桃报李，他们给了汪勇口罩，用他们自己节约下来的口罩。

"绿色的N95-1860口罩戴四个小时是安全的，但他们为了给我准备一个，因为他们觉得我也处于危险之中，为了帮我省一个出来，每个他们得至少戴六个小时，戴两天就可以给我省一个下来。但是他们就有两个小时处于不确定的风险中。那种风险是你我不敢想的。我们现在走在大街上的那种风险，和

生命摆渡人
Shengmingbaiduren

他们在病房里面的风险,是不一样的,他们愿意为了我扛风险的时候,真的是豁了命地在保护我。"

汪勇彻底被感动了。

汪勇接过口罩的时候,他知道这有多大的分量,虽然他们之间没有交流。

到了第三天,金银潭医院医护人员对车辆的需求不断增加。他只有一个人一辆车,完全忙不过来。汪勇赶紧往其他的群里发送求助,开始招募志愿者伙伴。

一连好几天,在接送了一批又一批的医护人员之后,汪勇进一步发现,这些医生护士的状态,统统一样。他终于明白,为什么护士宁可走路四个小时回家休息,也不在医院里睡觉。他们身心极度疲惫,处于累趴了的边缘。

金银潭医院作为传染病医院,收取标本流程极为严格:先是要手消毒,再戴一次性帽子,再戴上 N95 口罩,然后穿上隔离衣,戴上双层手套,到检验科取生物转运箱(箱子外部要罩一个黄色垃圾袋),接下来按门铃。

之后,到样本间取生物转运箱,再到新冠肺炎病区门外与护士交接标本,取回标本交接完毕,在检验科进行手消毒,脱外层手套,手消毒,依次脱隔离衣、口罩、帽子,再次手消毒。

这样的转运流程,由护士长发给二线工作的护士,要求都

第一章
武汉封城，震惊世人

必须照做。出一点差错，就有感染的风险。

被确诊感染的病人，有的在恐惧中会情绪失控，闹脾气，骂骂咧咧，指责护士医生；有的会不配合检验治疗，种种麻烦，他们都必须体谅。

面对可怕的传染病病毒，医护人员光是上下班换衣服这一件事，就比常规救治复杂。汪勇了解到：

"他们进医院是一个门，出医院是另一个门。进医院是一套生活装衣服，出医院又是另一套衣服，都是换过的。相当于进出医院的衣服是不一样的，是两套衣服。"

可想而知，那位护士当时没顾得上回复汪勇的消息，也有这些缘故。

那个时候的金银潭医院，只是整个武汉市所有医疗系统濒临崩溃的一个缩影。

2020年1月25日，陆军军医大学医疗队接到上级任务，火速赶赴金银潭医院。这是一支由150人组成的精锐医疗部队，经历过非典、汶川地震、埃博拉病毒等考验。

有他们的轮替援助，金银潭医院的医护人员暂时得到了喘息的机会。

然而，许多武汉市民被层层加码的恐慌压倒，他们有的出现了发烧咳嗽的症状，就怀疑自己感染了病毒，蜂拥而至，进

生 命 摆 渡 人

入武汉市内的各大医院。

疫情从星星点点的扩散,走向了最危险的一步。

阴森的乌云,在江城武汉的上空密集,化为无情的冷雨降落,和病毒一起变本加厉肆虐横行。

第一章
武汉封城，震惊世人

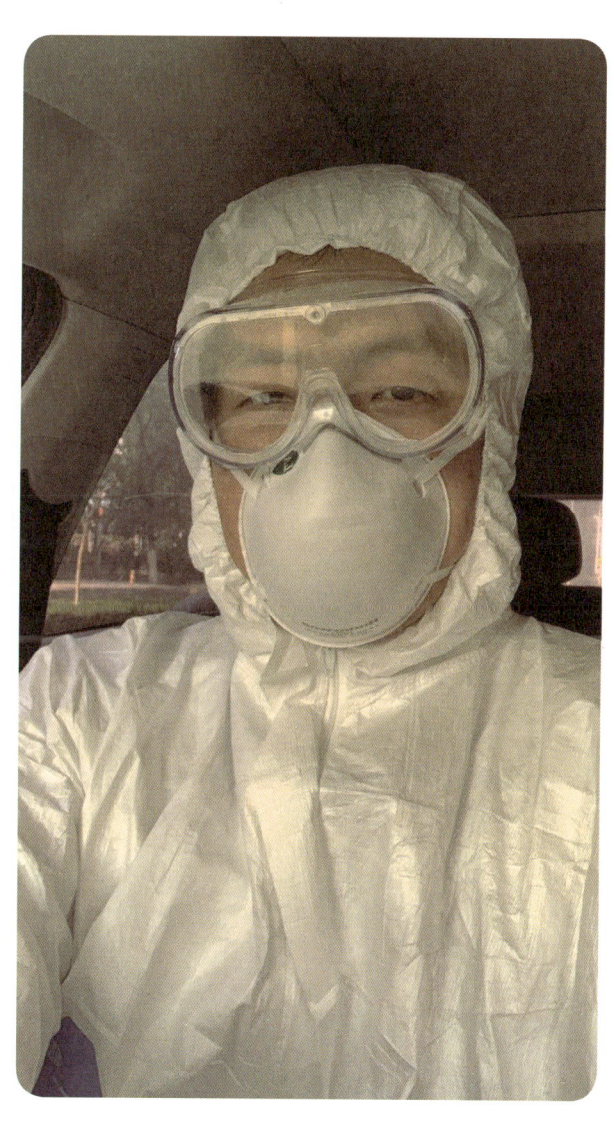

汪勇身着防护服开车接送医护人员

4. 更多人加入接送医护人员的队伍

2020年1月26日,大年初二,武汉市内私家车也禁行了。

政府为了保障医院正常运转,只允许出租车及少量滴滴司机保障社区用车,滴滴司机则保障部分医院医护人员出行,但实际的数量很少,导致很多医护人员缺少上下班的交通工具。

汪勇意识到,必须发动更多人,找到更多的支援力量。

有人问汪勇:"勇哥,你这边好像需求量挺大的,安不安全?"

汪勇回忆:

第一章
武汉封城，震惊世人

"最后就开始选人，第一个条件是能一个人住，不接受以家庭为单位的志愿者，否则容易传染给其他人。……按照这些条件我就选人。"

这中间发生很多意外，比如车子跑坏了——这期间三台车跑坏了，没有地方修；再就是一些小区的封锁，人也出不来，所以汪勇的小团队里，人员流动性很大。

随着不断的挑选磨合，汪勇的团队渐渐稳定下来，有6个人，加上汪勇自己，7个人，就专门负责金银潭医院医护人员的接送。

这些人来自各行各业，各种年龄层次都有，小一点的20岁出头，大一点的有40多岁；有比较豪华的车，也有很一般的车；有以前开网约车的司机、教师、办企业的……

汪勇在寻找其他志愿者的同时，想到了摩拜单车。

在跟摩拜单车联系的过程中，汪勇的接送出行团队稳定下来，后来渐渐固定有六七个人，能消化掉每天从早到晚的用车需求。

但他开始发现新的问题："我得想办法让他们撤离。"

不只是自己的安全问题，这些志愿者伙伴的安全风险，汪勇也高度警惕：

"因为我们每天在这里，是没有人轮换的。大家的风险系

生命摆渡人
Shengmingbaiduren

数会一直升高，而且他们背后没有任何的保障。"

汪勇很坦白地说：

"虽然我没有任何法律上的责任，但是道义上的责任还是有的，毕竟，是我把他们带进来做这个事情。如果他们出了什么事情，我良心上是肯定过意不去的。"

有了新的志愿者加盟，汪勇轻松多了。

他能把自己抽离出来，去做更多细节的安排。

"有他们在的时候，其实每天工作时长在10个小时左右，绝对不超过12个小时，所以我有大把的时间去想该怎么搞。我第一个想到的就是摩拜。"

汪勇筹划的目标是，摩拜能处理3公里到5公里的用车需求。这样的话，他所负责的接送单子就会减少30%左右。

他把当时的接送过程陆续发在了朋友圈，大家看到以后，对他有了信任。当他在朋友圈呼吁，寻求帮忙，很多人愿意主动帮他转发。

他当时在朋友圈发信息说，我需要美团一个联系电话，他们的任何管理岗位的人都可以，请大家帮忙转发一下。

他又发消息：我需要对接摩拜这个模块的管理人员。

这种转发威力惊人，如同裂变。

不到半个小时，摩拜武汉地区的负责人就跟汪勇打来了

第一章
武汉封城，震惊世人

电话：

"我看到一个求助信息，您这边需要摩拜？"

汪勇很惊讶，对方居然一下子就联系到自己了。

机缘巧合，摩拜也正在做一个计划，协助解决疫情下的出行难题，他们有一个护送医护免费骑行的活动。

问题是，摩拜方面的人，并不知道车应该往哪里放。

"疫情下，摩拜单车在武汉市内，都是正常地投放，人员也不够，就几个人几台设备车，他们维护的人也不多。一听说我想搞这个事情，双方一拍即合。"汪勇说，"虽然我是一个人，但是最起码我知道方向该怎么搞，我这里有很大的需求，你能不能满足，如果满足了，将是一个很好的事情。"

又过了半个小时，摩拜单车的相关工作人员跟汪勇碰头了。

他们建了个群，把汪勇拉进去，就开始聊这件事应该怎么搞。

汪勇把医护人员住的不同酒店，每天从早晨要用多少台车，还有医院每天早晨到晚上一共需要多少台车，告诉了对方。

摩拜的人按照这些情况准备去铺设车子。

"我把他们所有人都召集起来，跟他们做一个简短的安全培训，该注意什么，消毒，生活习惯各方面，该怎么样不被感

生命摆渡人
Shengmingbaiduren

染。"对于摩拜的办事效率,汪勇很是赞扬,"第二天的早上,他们的所有车辆就铺到位了。很迅速,真的很迅速。"

摩拜就在医院的附近,投放了大量的共享单车,离家近的医护人员,回家就不用步行了。

这项合作,对于汪勇来说,是一个非常好的敲门砖。后面就有经验去跟滴滴出行谈,以及跟青桔单车谈。

青桔单车就是滴滴旗下的,在汪勇的目标当中,最难的就是滴滴出行这一块。

汪勇说道:"其实当时我是以我自己的想法,去跟滴滴公司谈的。"

他跟滴滴方面商量:"不要求你别的,你这么大一个公司,我只需要你提供6台车6个人在这里。我们这6个人在这里拼死拼活扛了这么久,扛了10天了,对吧?你们那么大的公司就不能提供6个人出来吗?你们差这6个人6台车吗?"

但是,滴滴出行的全国运营模式都是在线上,现在要为了汪勇一个人提出来的要求,安排6台车在线下,这可能吗?

连汪勇自己也觉得"不可能的"。

6台车线下运营,是很有风险的。这6个人不能替换,就会像汪勇的志愿者伙伴一样,天天都是那6个人,感染病毒的风险系数会持续增高。

第一章
武汉封城，震惊世人

汪勇自己开过网约车，以前靠开滴滴补贴生活，所以他比较了解其中的麻烦：

"线上处理的话，来的乘客不可能一天到晚接金银潭医院，他会去接其他的医院。其他医院风险小啊，这个地方风险大啊。"

其实，不管是线下还是线上的方式，在对接的各个环节，都会出问题。但汪勇还是要继续试一试。

他像个谈判高手一样，以退为进提出新的方案：

"你们直接用线下的人安排在我们群里面，出现什么需求，有一个人做调度，把你们的车安排出去就可以啦。"

这个思路兼顾了两方面，汪勇觉得是可行的。

但是滴滴公司有他们的规矩，如果为汪勇破例，安排线下运营，他们自己就要承担风险。

他持续地沟通了一个星期，不停地碰壁，不停地被拒绝，不停地被关门。

事后说起来，汪勇仍然觉得很无可奈何：

"我发现那之后绕过这一层障碍，还有一个门，绕过那层障碍，还有一个门。我绕了一个星期后发现，最后的一道门，我怎么绕都绕不过去，怎么跟他们沟通都没用，发脾气，打感情牌，求他们，各种方法，我能想到的都试过了，恨不得下跪，

生命摆渡人
Shengmingbaiduren

没用的,就是你能想到的所有办法,你都想了,沟通了,甚至想放弃了。"

事情到了这一步,汪勇特别沮丧。

其实,滴滴公司的工作人员,也很想帮汪勇在疫情中出一份力。

"很庆幸的是,他们的人没有放弃,他们跟我对接的工作人员没有放弃。他们在我发脾气的情况下,还会想,会不会有别的路。"

在对方这种反过来的鼓励和坚持下,汪勇再次鼓起斗志,继续协商,寻找合作的可能。

最后,柳暗花明又一村。

在法律法规以及滴滴所有的政策之下,他们给汪勇开了两个账号。

这帮了汪勇一个非常大的忙。

汪勇说道:"这两个账号是什么意思呢?之前滴滴是因为全部都停运,加上所有的账号停用,所有人都叫不了滴滴。公司给我开的两个账号,可以同时叫6台车。"

在实际的接送中,其实不大可能同时用到6台车。所以,有这两个账号,汪勇就有了同时叫车的权限,解决了汪勇和他的志愿者团队很大一部分的用车问题。

第一章
武汉封城，震惊世人

现在，问题就简单多了：医护人员把用车需求发给汪勇，汪勇就通过滴滴开通的这两个账号叫车，每个账号能同时叫3台车。

"我之前经常接不到单，就叫不到车嘛，后来叫到车一看，哇，10公里，12公里，13公里都能叫到车，其实滴滴官方也没有具体说法。"

这都是汪勇自己摸索试出来的。

"那就证明肯定是滴滴在后台改了某种权限数据，能让我在这么大的范围内叫到车。"

还来不及高兴，很快，他又发现了一个比较严重的问题：

"接单的效率太低了。"

这主要是因为，汪勇叫车的频次有点高，毕竟车子数量实在有限，不可能高效地满足那么多医护人员的用车需求。他后来也在想，是不是应该解决一下10公里以内的用车问题？

汪勇总结了近期接送的经验，"就考虑到青桔电动单车了"。

他希望把青桔电动单车也切入进来，错开不同距离用车的需求，10公里内的可以使用电动车；10公里以上的，就可以有更多机会呼叫使用滴滴了。

汪勇去谈的最后一个对象，就是青桔的电动单车。

生命摆渡人
Shengmingbaiduren

其实汪勇把滴滴快车谈下来以后，谈滴滴青桔单车的时候就相对简单一点，"就是一些证啊，各方面稍微麻烦一点，后面跟他们把证和运营信息什么的协调下来之后，接下来的问题就不大了"。

汪勇回想起来，最难的还是谈下滴滴快车。那也是他仅有的冒出放弃念头的时刻。

至此，汪勇搞定了志愿者的小汽车、电动单车、滴滴网约车这些综合出行用车。

志愿者和滴滴司机可以相互交替，都不至于太奔波劳累，也减少了感染风险。

他还安排一个志愿者负责凌晨的接送，只守金银潭医院。"那个年轻人名字叫李永，年纪30多岁吧，其实他也不是全职在那里，只因他也住在这附近，所以凌晨的单他接。有时候我发现有点晚的时候，就是我接。我就不让他接了，因为我比他还近一点。"

这中间，随着疫情暴发，武汉市最初的情况，一片混乱。

后来国家派出支援队，全国各地的医护人员赶往武汉，政府部门腾出手，有了专门的酒店住宿安排和接送。

在混乱无序到恢复秩序的这段时间，正是汪勇和类似的志愿者们，主动站出来，自发组织，完成了过渡。

第一章
武汉封城，震惊世人

5. 急上加急，医护人员的吃饭问题火烧眉毛

解决交通问题的同时，另一个基本需求，也像一座山，横亘在汪勇面前。

疫情期间，金银潭医院的值班人员大多住在各处的酒店。

酒店在那个时候也没法提供餐食，春节放假期间，人手不够，封城了更加措手不及。医护人员吃不上饭。要么吃泡面对付一下，要么啃个面包。

发现这个问题之后，汪勇想办法募集了2万块钱，给这些医护人员买来了方便面、饼干、矿泉水。

生命摆渡人
Shengmingbaiduren

泡面吃了一周后,有个护士小妹妹发了一条朋友圈:

"我好想吃大米饭啊!"

这条朋友圈,刺痛了汪勇。

"人家大老远那么辛苦地跑到这里来救人,却连一顿大米饭都吃不上,我心里很愧疚。"

汪勇决定,无论怎样,也要让他们吃上一顿热乎的大米饭。

在网上发出信息之后,汪勇联系上了一家饭店,对方愿意以成本价16元一份的套餐卖给汪勇。

这30份总计480元,汪勇自己掏钱买下来,送到了医院。

"为什么不收钱呢?"

"人家是来救你命的,你还问人家要钱,我说不出口。"

但是汪勇也意识到了吃饭需求的问题,自己这样垫钱去买,只能解决一顿,长远来看,这肯定行不通。

于是,汪勇决定继续寻找资源。

汪勇发布的求助信息迅速在网络上传播,很快就有两家餐厅与汪勇取得了联系,承诺每天免费为金银潭医院的医护人员提供100多份盒饭。

但是,供应了几天之后,汪勇发现,这两家餐厅每天还要为其他医院供应2000多份餐食,产能达到了极限。

第一章
武汉封城，震惊世人

汪勇开始筹划，搞一家专门保障医护人员餐食的餐厅。

他当时的出发点是，"我对接的两个供餐的餐馆，是原来正在供餐的餐馆，他们的压力特别大，我需要为他们分流。不然的话，我担心把他们压垮了，会导致一个很坏的结果，就是其他小的餐馆肯定也随之崩塌吧"。

"因为当时的就餐压力是持续地增高，不知道他们在哪个点就撑不住了。所以我想的是做连锁，对接了一个餐馆，让它恢复营业。只要稍微有点盈利就行，因为老板应该也想做公益。"

汪勇当时是这么想的，对于餐馆来说，做餐的一点盈利，就给员工。毕竟人家也是要谋生的。

他只要花4天盘活一个位置，有个600份到700份的产能，再花时间去搞定下一家，"我想搞7家左右，应该能够满足需要"。

怎么才能找到符合这些要求的餐厅呢？

汪勇想到了扫街。

扫街就很简单了。说到这，汪勇略带兴奋：

"我当时直接找人，直接在群里喊，我马上要去哪个位置，要做什么事，你们有多少人多少车要来？我需要5台，不到5分钟，5个人就报名了。"

生命摆渡人
Shengmingbaiduren

对于汪勇来说，经过了与滴滴合作的历练，他在援助过程中又积累了经验，赢得了大家的信任，做事越来越驾轻就熟。

他跟这5个人分配任务："我们要做的事情，是从现在开始，在这个地区里面沿路走，大的酒店大的餐馆，只要看到开门了，你们就进去，问老板的姓名电话，把定位发给我，我就按照你们收集来的信息，去一家家谈。"

在汪勇谈这一家的时候，他的伙伴就去找另外一家，他们这个团队的默契越来越好。

此刻的汪勇，像个商业高手，精准定位，直奔主题。他们要找的，就是打开店门的餐厅，有人在里面抽烟、喝茶、聊天的这种。再跟店老板聊，你们愿不愿意恢复生产，愿不愿意为医护人员出一把力。

汪勇找到了餐厅的老板，第一步是加老板微信。

加上了微信，他就说：

"哎，您要是有时间，看下我朋友圈啊，我前面干了什么，都在里面。现在我需要处理的，是吃饭。"

汪勇其实是故意的，故意把他之前和滴滴、美团、摩拜的对接结果晒到朋友圈。

餐厅老板们看到他顺利解决了金银潭医护人员上下班的问题，就知道他现在的角色了。这样汪勇就不必再浪费口舌，

第一章
武汉封城，震惊世人

反复解释了。

"您这边现在因为疫情原因，场地空着也是空着，您看能不能这样，场地能不能不收我的费用。人工的话，您觉得需要收费的话，我们可以聊一下。"

汪勇发朋友圈寻找蔬菜及肉类供应商

生命摆渡人
Shengmingbaiduren

其实汪勇的侧重点，就在于人工免费、场地免费。这样他才能以最低的成本，弄到最多的餐饭给医护人员。

做餐的原材料，比如青菜，汪勇就找到了免费提供的人。

青菜免费了，真正需要掏钱的，就是一些调料、盒子、筷子，加上肉。那么汪勇的压力就不大了。

那个肯提供餐厅资源的老板叫江志，他的餐厅名字叫鑫釜山烤肉，这是一家本地的连锁自助餐厅，江汉路有店，司门口也有一家店。

其实，汪勇在找到这家烤肉店之前，已经和另外一家聊得差不多了。那家大概每天需要收他1200块钱，人工费已经谈到可以接受的程度，场地不要他的钱。

不过汪勇还是要找一下，看有没有更优的选择。

这是其中一个志愿者朋友介绍的。

这个志愿者告诉汪勇："可以跟老板联系一下，他可能跟你想法一致。"

疫情之下，太多人愿意为了这个城市出钱出力，主动而踊跃。

汪勇跟那位江总打了电话过去，说了一下现状。

这位紧急时刻毅然出手的餐厅老总说：

"兄弟，我和你看到的情况一样，我做餐饮十几年，我知

第一章
武汉封城，震惊世人

道现在供餐是什么情况，而且它会持续地增压。"

不过，他又说：

"我愿意。我的材料我的场地免费，员工免费。我们一起来干这个事情。"

汪勇对这位鼎力支持他的餐厅老板充满感激。

他们，心甘情愿。

第二天一大早，汪勇就去了烤肉店里。

餐厅老总把所有员工召集起来，汪勇和他们一起开了一个安全会，交代清楚，关于这个病毒，大家该注意什么。

汪勇说："之后我把我的护具提供给了他们。"

万事俱备，只欠东风。当天下午，汪勇和他团队的人全部出去问，满市场地找食物原材料。

"你家卖什么？好，莴苣。莴苣最低多少钱？"

……

一家家地问，一家家地找，最后汇总起来，做出一个表格。

汪勇找最便宜的两家去谈。

然后，再通过微信朋友圈，"我之前干吗，我现在准备干吗，有一个老板已经免费给提供场地、员工了，我现在准备给医护人员做餐饮，想得到您一些帮助，您可能有些东西卖不出去，我们可以拿走吗？或者便宜点给我们"。

生命摆渡人
Shengmingbaiduren

"青菜本来卖1块6,1块给我;那鱼,老板说,'这4600斤你要都拿去',我说要不了那么多,我拿1000斤吧,以后的给我成本价。"

太多人,愿意帮助汪勇。帮他,也是帮助我们自己。

汪勇还跟老板商量说:"以我的名义收费也可以,以您的名义收费也行,我们最后定的是10块钱一份,因为我们的大米免费,部分蔬菜免费,肉要钱——肉基本上没有免费的,当时肉很紧张,必须得花钱买——加上肉,加上盒子、筷子、调料、水电煤气,都算老板的,算下来的话成本大概在7块钱。我想收10块,多出的3块钱,700份,2100块钱,分给那几个伙计嘛,10个伙计一个人200块钱。"

汪勇说:"其实我当时不知道,他们的老板,居然是全额给他们发工资,是后来店被关了之后,我才知道的。"

大疫当前,烤肉店老板江志的做法,有情有义,帮助了志愿者,也承担着社会责任,这样的人,给予了大家人性的温暖。

今年46岁的罗文怀,也是汪勇志愿者团队的一员。

他是武汉市第36中学的一名英语老师。从大年初四开始,当起了接送医护人员的司机。加入汪勇团队后,他先是送餐,也就是开着车在城里面送盒饭。

他们从司门口的一个餐馆里面,把盒饭给每个小车一分,

第一章
武汉封城，震惊世人

再送出去。

罗文怀主要负责送汉口的一些医院，比如江岸区的普仁医院等。

到了下午，罗文怀就参与到买菜的事。

罗文怀回忆："这个买菜啊，我们跑的地方就很多了。我们住在汉口这边，盘龙城这边。一开始还跑到汉口北大市场，后来汉口北大市场有新冠病毒人员确诊了，就关闭了。要清扫杀毒之类。"

汪勇当时告诉罗文怀，要他们把门面上留的电话记下来，先打电话，看看有没有滞留在武汉的。如果对方店里有蔬菜存货的，就把它买过来。

最后，因为在汉口这边的购买都不成功，他们直接去武昌那边的白沙洲农贸大市场。

罗文怀回忆："我们在农贸大市场每个摊位问价，后来我就看到了一些菜农，他们是武昌江夏区的菜农。我就跟他们聊上了，直接从菜农那里买菜就会更便宜一些。当时我们就买了600多斤的蔬菜。"

然后，他们把这些蔬菜分到各个志愿者的小汽车里，把菜拖到司门口餐馆里面去烹制。

"一开始我们主要围绕着送餐、买菜包括作料、米油粮等

生命摆渡人
Shengmingbaiduren

工作。上午送餐,下午送完餐之后就到处去购置物品,回来时还要买一次性的碗筷、饭盒等。"

汪勇同时还给滴滴司机供餐,他在朋友圈通知了他们。

第二天开始,餐馆那边就排了很长的车队。

这家自助烤肉店做了没多久,就被喊停了。

汪勇说:"还是因为影响力太大了,街道的人都知道这个地方在给他们送盒饭,有人考虑到风险,就举报了。"

相关部门的人来了之后,汪勇也跟他们回去了。

"我想尽量还是沟通,我们不开业,我们生产了之后就送出去。"

汪勇估算下来,当时大概花了小1万块钱,因为那些餐盒、调料什么的不能只准备几天的,一准备就是半个月的量。

违法违规的事情不能做。

"明文规定是不允许任何餐饮企业开门,因为面对面吃饭之类,会成为一个很大的安全隐患,成为一个传播源。"

那时候,汪勇其实还想对接一个有资质的供餐企业。

于是他要来所有有资质的定点供餐机构的电话,一家家去沟通。

汪勇对支援的医护人员说:

"我不想你们果腹,我希望你们吃好。

第一章
武汉封城，震惊世人

"我这几天要对接一个供餐企业，还是想给你们继续提供，像你们之前吃到的那么好吃的饭菜，所以我可能暂时没有时间管你们这几天的吃的了，你们得自己想想办法。"

其实最让汪勇伤心的，是他在跟有资质的指定供餐点谈判时的遭遇。

汪勇会开门见山地问他们有没有产能：

"因为很多指定供餐点缺人手，没有产能，跟他们谈再多没用，多100份都做不出来，谈下去纯粹是浪费时间。"

"OK，有产能，每天给我做1000份都没问题。"

汪勇就继续谈费用的问题。

"我可以给您提供免费的大米、免费的蔬菜，您只需要出点肉出点调料，您需要盒子，我都可以提供给您，而且这些饭做了之后，不需要您送，我安排人来送出去。"

汪勇尽最大能力，给出种种承诺。

"您卖给我多少钱一份，能不能便宜点，我这个全部是送给医护人员吃的。"

然而所有人的回答都出奇的一致，统一一个价钱：40块钱一份。

"你提供再多的东西，他都是40块钱一份。所以那个时候我特别寒心，为什么你们就不愿意伸手帮一下。大家都这么难吗?还想着挣钱哪?"

就这么卡在钱的问题上了,这让他心里面真的很痛!

解决一个难题,又冒出一个难题。

第一章
武汉封城，震惊世人

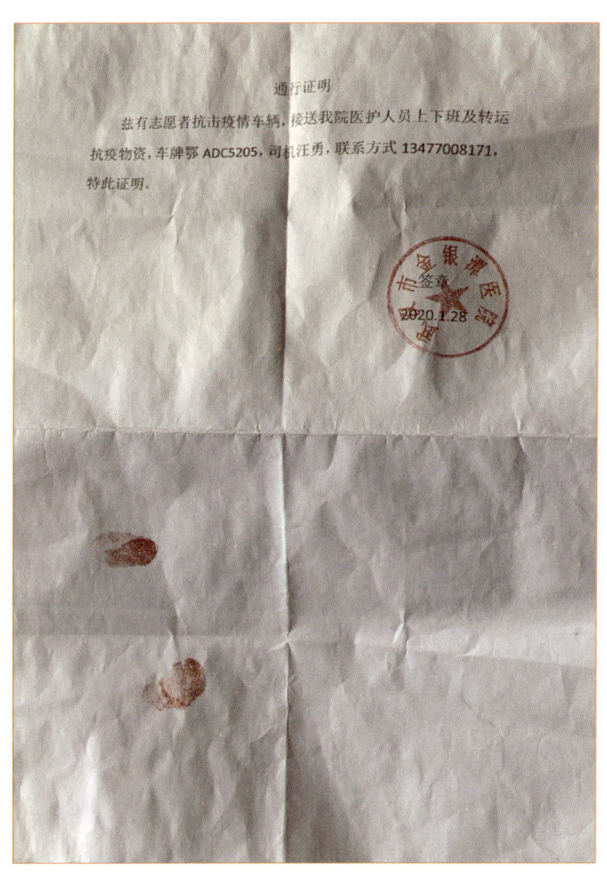

汪勇通行证明，现已被国家博物馆收藏的

为吉林援鄂医疗队员送物资

The second chapter

第二章

与他并肩作战的人

- 搬不动这块石头，我就绕过去
- 机缘巧合，遇上肯担当的人
- 修手机换眼镜，买球鞋安洗衣机……找勇哥
- 与他并肩作战的人
- 在仓库住着吃泡面

第二章
与他并肩作战的人

1. 搬不动这块石头,我就绕过去

之前,汪勇跟医护人员说过,在他去找资源、找餐厅的时候,暂时让他们自己想办法撑几天。

就在这中间,医护人员在朋友圈看到一条信息,本地的Today便利店,可以免费为医护人员供餐。

这家便利店的生产部门在黄陂区的一个工业园。

这些医护人员就抱着试一试的态度,拨打了那个二维码上面的电话。结果,对方统计了他们的需求,马上就答应了。

他们就在群里回复汪勇,"那个Today给我们供餐了,这

生 命 摆 渡 人

个问题解决了，免费的。明天就有"。

周五那天，汪勇一看到这个信息，马上去联系。

其实那个时候他已经开始给滴滴司机供餐了，可是餐厅关门，导致断供了。他当时也没有办法。

现在有了 Today 便利店这条线，汪勇问：

"你们可以免费给医务人员供餐，那能不能给滴滴司机也供餐？"

他给 Today 便利店的工作人员打电话，加上微信商量。

在汪勇的志愿者团队集中精力找餐厅、解决供餐问题后，就没有再做出行这一块工作，而是交给滴滴司机去做了。

汪勇坦诚相告：

"我们为什么管滴滴司机的供餐？就是因为太多的医护人员发现，那些司机根本就没有饭吃。从农历二十九到正月十五，居然连一口白米饭都没吃过。甚至泡面都没办法泡，没有热水。这是我们解决不了的。"

汪勇头脑很清醒，这是个很大的问题。

"每个人在这里面都是一个环节，如果他们不送医护人员上下班，可能会引起很大的麻烦。"

他点出关键之所在：

"我们能为他们提供保障的时候，能给他们吃一口热饭热

第二章
与他并肩作战的人

菜的时候,他们会有一颗感动的心。最起码,对医护人员的服务态度会好一点。"

汪勇请求 Today 便利店尽量给滴滴司机提供一些餐食:

"我要求也不高,一天 300 份。"

之后,对方表示:

"为了保障物归所用,那个,你要每天反馈交付司机的照片、视频。"

汪勇答应下来:

"这些东西可以提供给您。"

这下,医护人员有米饭和菜吃了,滴滴司机也有吃的了。

援助工作有了起色,但是,疫情严重,武汉市的禁令进一步出台,全市的餐饮店都不允许开业。

Today 便利店的工厂也不例外,必须关门。

那个晚上,汪勇满满的挫败感。

"我明明这么努力,两天时间内可以把这个事情对接下来,而且以最少、最少、最少的成本,我把它做下来了。而且我对外宣称的收费,也就 10 块钱一份。但结果却是这个样子。"

先前山穷水尽、无计可施时,医护人员带来了 Today 便利店的好消息,这给了汪勇很大的鼓舞。不承想,刚有起色,这条路,再一次被堵死了。

生命摆渡人
Shengmingbaiduren

有那么多人要填饱肚子,那么多医护人员,还有负责接送的司机,需要吃上热乎乎的饭。

这一天近 1.6 万份的供餐,难倒了汪勇。

眼睁睁看着便利店因为疫情的原因,要准备封掉,汪勇实在不甘心。

不能让那么多救人命的医生护士、冒生命危险的司机,连口热饭菜都吃不上啊!

被困住的时候,汪勇的韧性反而被激发出来:

"如果这条路走不通,我拿头都撞不破这堵墙的时候,我就绕开。我搬不动这个石头,我就把它绕过去,我一定要绕过去。"

纵有挫败,绝不言弃。

第二章
与他并肩作战的人

2. 机缘巧合,遇上肯担当的人

红头文件,像一座大山,挡在汪勇的面前。

该怎么绕过那块大石头?

这个过程,汪勇回想起来,觉得特别机缘巧合。

汪勇对接上了医护人员之后,带着组建的志愿者队伍,加入了各式各样的医护群,像是"维也纳酒店后勤群""金银潭医院梦百合酒店后勤群""全国援汉医护团队"等。

本地医护需要住在酒店,与家人隔开;外地医护千里迢迢赶过来,只带了非常有限的个人行李物品。

生命摆渡人
Shengmingbaiduren

疫情漫长，短时间回不去。各种生活上的繁难，都冒了出来。

大一点的求助包括紧急修车，琐碎的求助比如修手机、修眼镜、买常用药、买生活用品，医生护士们都会在群里呼唤"万能的勇哥"。

他的团队，大大小小，事无巨细，都负责解决。

解决的难题越来越多，他也名声在外。

东西湖区一位姓陈的后勤部长，突然来联系汪勇。

那个后勤部长正好跟汪勇在一个群里，福建队所住的酒店，就是他负责保障的。汪勇建的一些群，他也加入进去了。

这位后勤部长也遇到了难题：援助武汉的福建医疗团队，急需洗衣机。

洗涤衣服的服务，以前是酒店外包的，但由于疫情的原因，清洗的工人也来不了酒店上班，没有人来搞这块了。所以医护人员的衣服，都得自己洗。

医疗队的医生护士，每天为疫情都忙得不可开交，哪有那么多精力洗衣服。就在群里说：

"能不能申请几台洗衣机？"

通过政府的流程申请洗衣机，再到落实安排用上，说慢点，应该半个月；说快点，一个星期是要有的，医护人员们实

第二章
与他并肩作战的人

在等不及。

陈部长关注到汪勇做的事情,从医护提出求助,到解决问题,特别的快,别人今天说手机坏了,说眼镜坏了,当天或次日,汪勇团队就把问题解决了。

陈部长对汪勇说:

"哎,兄弟,咱们两个其实方向一样啊,都是为了医护人员努力,现在有这么一个事情,你看能不能帮下忙?他们需要洗衣机。三台洗衣机,两台烘干机。"

汪勇说:

"我问问。"

大概两个小时,汪勇给了回复:

"协助的厂家明天送洗衣机过来。"

第二天,就有医护人员用洗衣机洗衣服了。

武汉的那段日子,是阴冷潮湿的冬春交替时期,见不到太阳。医护人员,除了需要洗衣机,还需要烘干机。

汪勇马上联想到,这不会是一个援汉团队的难题,而是一个共性的需求,因为其他的酒店也没有洗涤这方面的业务。

他想到就做,把他对接的所有酒店,全部问了一遍,有没有洗衣机需求。

果然不出所料,那些酒店都有需求。

生命摆渡人
Shengmingbaiduren

汪勇全部满足他们,他马上发动志愿者,到处找物资。

九台洗衣机,两台烘干机,也是第二天全部配到位。

所有这些事情,陈部长都看在眼里,记在心里。

就是这样的机缘巧合,为汪勇绕开石头帮了大忙。说到这个过程,汪勇笑道:

"那个后勤部长对我印象还蛮好。"

因为 Today 被停业,汪勇不知道如何解决,想来想去,只能求助政府部门,就又找到他。

汪勇说:

"其实文件的这个做法肯定是对的,但是可能里面有特殊情况,比如您之前那个街道的一家餐饮店,可能没考虑进去。他们每天要送接近 1.6 万份医护人员的免费用餐,万一真停掉的话,影响很大,您看能不能酌情考虑一下?"

其实,汪勇内心还准备了 AB 计划,他不想打没有准备的仗。

"万一还是没有办法通融的话,我已经准备好了一张网络,为他们每天准备 1.6 万份泡面,我可以顶上去,我可以跟他们保证有吃的。"

汪勇强调说:

"但这个不是长久之计,我们之前是让他们从泡面吃到米

第二章
与他并肩作战的人

饭的人,现在又让他们从米饭吃到泡面,这个是不好的,而且很多人都应该不会愿意再去吃泡面。"

他说得没错,于情于理,都应该让来帮助武汉的医护人员吃得好一点。

后勤部长听完,说:"好!"

层层沟通之后,他回电话给汪勇,说已经找到了防疫协调办的一位负责人。

"你给他打电话。"

汪勇就一层层地打电话,往上面打电话,再往上面打电话。

他联系到的最后一个部门,是武湖街道办。

为汪勇供餐的 Today 便利店的生产店,位于黄陂区的工业园,对口的上级管辖部门,就是武湖街道。

武湖街道那边的一把手,给汪勇打来了电话。

问过汪勇面临的情况之后,他说:

"我们可能还要商讨一轮,最后会有个结果。"

汪勇焦急地等待着。

好在,这次速度很快。

15 分钟后,街道办负责人就跟汪勇回复了。

他说:

生命摆渡人

"综合考虑,你们这个明天可以正常营业,不过你们需要补办一个手续。"

汪勇大喜过望。

街道办负责人强调:

"这个东西不急,但你一定要补办,可以边生产边补办。"

汪勇在谈到这件事的时候,仍然充满了感激:

"他们相当于给我们开了绿灯,我不知道您怎么理解这一步啊,其实我很感谢很感谢这个人。他赌上了他的职业生涯、政治生命啊,来为这7000多号人的午餐晚餐搏一搏。他开了这个绿灯,假如这个工业园里面出现了一例两例疑似或者确诊患者,你可以想象一下他会承担什么样的后果,尤其是政治后果。

"但是他愿意顶着压力,他让你开。所以他做出的决定,我知道代表了多大的分量,我很感谢这个人。他觉得这7800号人吃饭比他的职业生涯重要。"

汪勇当天想不通的事,后来,他也想通了。

"其实下文件封店这件事,因为疫情的防控,本身它是对的,只是说有特殊的原因在里面。就比如说那个餐厅。红头文件是针对所有的餐饮企业的,他不知道餐厅的具体情况,别人是不是可以在里面一起吃饭。

第二章
与他并肩作战的人

"如果能在里面一起吃饭的话,就是一个比较大的传染源,对吧?这样大的传染源,对整个疫情来说,这是不是很恐怖的地方?关你,那是理所当然的。"

汪勇思考以后,说:

"我知道他们的想法是对的,给你开个绿灯,你不在里面卖餐,你只是做好了之后放到门口,你发出去给滴滴司机,或者你拖出去送到那里的医护人员手上。谁来监管呢?谁来监督呢?怎么知道你就真的没有卖过?难道所有人就为你承担这种有可能扩散疫情的风险?那太扯淡了。"

还是要办手续,有人承担这个责任,有人去监管。

"我一路走来,挫败感是有的,但是我从来没有想过放弃。"

生 命 摆 渡 人
Shengmingbaiduren

3. 修手机换眼镜，买球鞋安洗衣机……找勇哥

随着援助过程的拉长，汪勇的团队越来越有条理。汪勇像一个指挥官，成为大家的主心骨，调兵遣将，分配任务，多方衔接。

有团队专门帮他收集捐赠物资，做成表格给他。

不同的志愿者团队，彼此也密切合作。

有一个北京大学的团队，收集所有医院的情况，每天跟汪勇他们联系。

"他只有信任你，才会告诉你真的缺什么，对吧？因为正

第二章
与他并肩作战的人

常情况下,有政府补给,为什么你不够?"

建立了这样一张信任网以后,汪勇对物资的分发,更加胸有成竹。

"比如说,上面有1万件防护服下来,你的缺口是多少?1000件?好,我就补你医院1000件,其他医院400件、600件、500件……所有医院收到货之后,反馈给他们签收函,这个事情就了结了。大概两周时间,线上和到我这里的,应该有超过2万件的医疗物资。"

以对接的医院来说,汪勇主要针对的是三个梯队:

"第一梯队为方舱、雷神山,这些政府补给是管够的,130%、150%的保证,我管你够,你绝对不会差。

"第二梯队是协和、金银潭、同济,这一梯队是社会捐赠的主体,政府的补给也够,120%。

"第三梯队,我随便说几个医院,普仁、武钢总医院……您听得都很少的话,那么其他捐赠人是不知道的。他们也设有发热门诊,这些没有受到捐助的医院,它的缺口就会变大,几个周期之后就发现库存没有了,一个口罩恨不得要戴三天,很恐怖的。"

当然,汪勇也说明了:"这是一个不官方的说法。"不过,他的服务主体,大体上就是这少数关注度低、捐赠物资不够的

生命摆渡人

地方。

他每切入一个医疗团队之后,就尽量让酒店建一个群,在门口设一个很醒目的二维码,所有人都加这个群。

他们收集到的问题大同小异,需要羽绒服,尤其是羽绒坎肩。这样保暖的同时,不影响行动。医护人员每天要穿防护服,有太多具体的治疗操作动作。

汪勇说道:

"医护们大多数是从外地来的,不知道武汉的冬天有这么冷。我们收到这个需求的时候,第一时间就去所有的超市买羽绒坎肩,整个武汉市只要开门的,都被我买完了,一件都没有了。最后又买又捐,大概我们提供了 3000 件。还提供了指甲剪等小工具。"

第一批需求收集完之后,再收集他们其他的需求。因为在第一批的时候,很多人是很含蓄的,他不会跟你说自己真正的需求,不好意思跟你说。后来有人愿意再提秋衣秋裤,我们再去买。

到第三批,基本上就是理发的需求了:

"该剪头发了,时间太长了。"

再后来就有人说:

"我手机能帮我修一下吗?我手机屏摔碎了。"

……

第二章
与他并肩作战的人

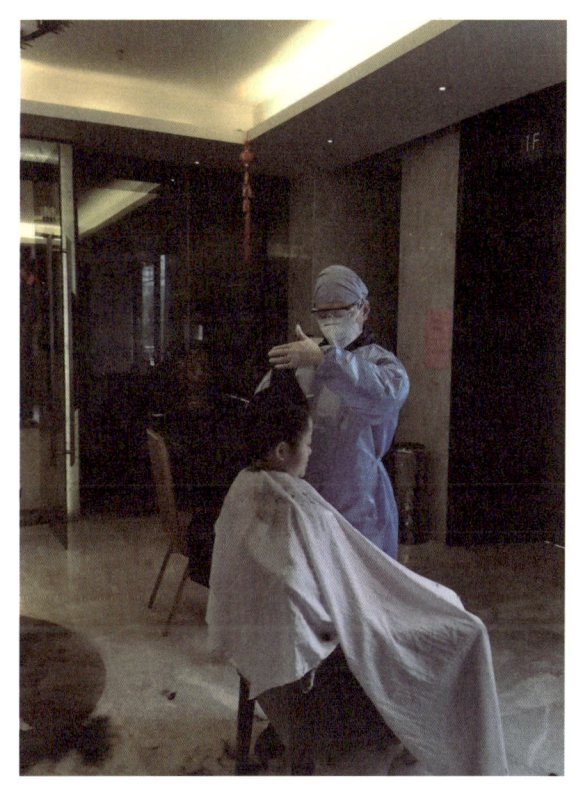

志愿者理发师为医护人员理发

这就是一步一步的信任，到那一步，他才会跟你提。

还有修眼镜，汪勇说：

"是一样的模式，就是发朋友圈啊，或者加各种QQ群，找那种自己信得过的群，或者朋友圈裂变，就是不停地转发。"

之后，汪勇他们联系上一个人，对接上了本地的眼镜协会。

生命摆渡人
Shengmingbaiduren

"对接上后就太方便了,他们可以直接找到协会里面的成员,谁现在还在武汉?你店子还可以开门,你还可以出来?之后你愿不愿做这个事情?我们可以长期合作。"

"他们找到一个修理眼镜的师傅,而且离我们最近的,他会问我们的地址,你在哪里?哪里你最方便。"

当汪勇他们对接上这个人,其他事情也摸到了经验。

"修手机是一样的,我们不停地转发朋友圈,找到一个人就跟他说,那个手机方面您看能不能帮我们啊,多少钱我们给你,希望是正常价格,你不要说因为疫情翻倍呀什么的,我们就可以接受。别人要是很愿意做这个事情,留个电话就可以了。"

他们每天修眼镜修手机的数量不小,汪勇和我聊这些的当天他们就修了4副眼镜,加上医护人员3个手机,新闻工作者的3个手机,有6个手机。

"指甲剪就是定期买,送给他们而已。"

每个酒店会有个服务群,这个酒店里面所有的医护人员会在这个群里。之后他们有什么需求,汪勇和团队志愿者,定期都会收集他们的生活物质需求,逐个去解决。

"理发的需求,修眼镜修手机,他们会在群里单独说出来,或者在微信群里圈了我,单独联系我。"

所有的援助,都需要很多成本。有几个核心成员,一直在

第二章
与他并肩作战的人

资助着汪勇。

谈到几个躲在幕后的老板,汪勇说:

"他们这些人,我认为,给了我很大帮助。我跟你说说一个回力的老板吧。

"他不是厂家,应该是位经销商。他给我的价格基本上是出厂价,一双鞋子大概13块钱,我准备了3000双,发给医护人员。

"因为医护人员之前过来的时候,是冬天。现在这个(春天)时候,已经穿不住了。他们每个人过来就是一双鞋。打破天,带了两双鞋,一洗的话,以现在的天气,根本就干不了。所以他们都没有换洗的鞋子了。当时很多人有这个需求,但他们不提。

"你跟他们在一起的时候,必须得自己用眼睛去发现所有的问题,发现需求点。你如果不去发现,等他们给你提,不知道等到什么时候。"

这个回力的经销商老板,名叫刘波,汪勇提到他,也很是佩服:

"他帮了我很多,只要他在朋友圈看到我收集物资的信息,我需要什么,他就利用他所有的人脉资源去找,而且,他找的,基本上都比我能在外面找的东西价格要低。"

对汪勇来说,这个人让他印象很深刻。

生命摆渡人
Shengmingbaiduren

"他基本上直接就能对接到当地的厂家,他在当地应该是一个很有人脉资源的人。"

筹集到了买羽绒服的资金,约有 10 万块钱。之后,专门的采购人员,去了武汉的大商超中百、永旺之类,这些商场当时还开门,价格也是正常出售。

这笔钱,前前后后其实就是汪勇跟"贪狼"两个人筹的钱。

"贪狼"是一个网名,他帮助汪勇,找钱,找资源,找人脉。

在这个电影人物名字的背后,其实是一个细腻的中年男人。

"贪狼"的真名叫华猛,他是做房地产评估的,今年 42 岁,是武汉本地人。

他和汪勇并不认识,那时候,他在一个医护群里负责接送医护人员上下班。大概是在初二或初三的时候,华猛弄到了一批隔离服,然后他在医护群里面告诉各位志愿者:

"谁如果有需要,就到我这里来领。"

华猛回忆:

"当时说了一个地点,我们在一个地方碰头。有几个志愿者到我这里来了,那是我跟汪勇见的第一面。然后我们两个互加了微信。"

这个时候,华猛和汪勇两个人,就在微信里聊到金银潭医院的情况,医护人员遇到的困难,还有外地来支援的医护的一

第二章
与他并肩作战的人

些生活情况。就这样,他们两个开始了"非同小可"的合作。

汪勇主要负责当地的医护人员接送和解决他们的吃饭问题。汪勇告诉华猛,医生护士们急需保暖的衣物。

华猛就去超市采购这些保暖衣物和部分生活用品。这样两个人差不多就开始有分工了。

在疫情中遇到的困难太多了,这让华猛绞尽脑汁。

他回想起这些仍然颇为无助:"需要采买的物品,没有地方买,比如说帮医护买的这个羽绒背心、羽绒服,在那个时候,武汉市所有的超市,大型超市,我基本上都去过,但是只有一两家超市有卖这些物品,而且尺码样式都不全。包括鞋子也是。"

这个事让华猛觉得很头疼,情急之下,他开始请求外地的朋友出手。

"我在本地采购了 100 多件,在外地采购了 50 多件,然后请外地的朋友帮忙。在上海的朋友知道我在采买这些物品,主动站出来。最后,上海的同行朋友采购了 1000 件羽绒服、1000 条裤子,直接给我快递过来。"

这下子,解了燃眉之急。上海同胞们寄来的这一批羽绒服和裤子,没有找华猛和汪勇这些志愿者要钱。华猛说道:

"他们都是捐赠的,这一批他们花了 25 万元,当时也解决了外地医护的问题。"

生命摆渡人
Shengmingbaiduren

最开始采购物品，华猛都是用的自己的钱。到后来，他卡上的钱也不多了。一边是捉襟见肘的钱包，一边是援助医护需要的物资需要大量的金钱。

"募捐这个事，当时只是在朋友圈说，我做志愿者，然后有一两位朋友直接转了钱给我，说希望我能够帮他们把这些钱直接用在一线的医护身上。我当时犹豫了一天，才收了钱。"

这个时候汪勇告诉华猛的情况，也那么的紧急，吃饭的各种物资啊，生活物品啊，这些东西都需要钱。而且，之后需要花钱的地方还有很多，汪勇问华猛有没有办法。

华猛就回答汪勇：

"我想想。"

华猛想到的办法，还是必须依靠大家的力量，于是他发起了募集。

他就在朋友圈里发消息，把那两位朋友的捐赠截图发到朋友圈里，向他们表示感谢。这起到了一个带头示范的作用。

华猛说：

"接下来的几天，确实有很多朋友都跟我捐了钱。我个人这边差不多有12万元左右，朋友捐的。中间没有任何的水分，大家都是默默地捐钱，然后微信跟我说一句加油。"

第二章
与他并肩作战的人

贪狼（华猛）与汪勇

生命摆渡人

众人拾柴火焰高,华猛被感动了:

"我非常感谢他们的这个善心,也感谢他们对我的信任。"

华猛之前也接送医护,从医护人员口中他得知,在初期很多物资都很缺乏,包括防护物资,包括他们上下班,包括家里的生活困难。

"存在很多困难,但是,我就没有听说过一个人或者看到过一个人是退缩的。都在向前冲。防护服不够,口罩不够,家里的老人小孩没人管,但是没有一个人说我辞职不上班,待在家里。都会冲到一线。"

说到这一点,华猛的声音有些哽咽。

汪勇记得:"后来还有一些酒店的老板,他们出了一些钱,应该10万块钱不止了,后面又加了。沿路走来应该有20多万、30万了。"

不过,汪勇并不是什么资金都接受。

他在接受钱的时候,事先跟每个人说过:"您的钱有什么需求,如果有什么广告类的义务,或者是把您的名字公布出来,可能我们是接受不了的。"

汪勇只肯接受不含商业色彩的捐助:"我们不要给任何人有任何负担,我们给医护人员的钱,不要让他知道,这是谁谁谁给的钱,让他觉得非要感谢这个人不可。如果是这种钱,我

第二章
与他并肩作战的人

们就不要。"

在汪勇内心，有一条严格的原则。

他说："我们要的是这个钱，你给我，我可以随便地花。我只要花在该花的地方，花在医护人员身上。你不管我其他的，那我才要这个钱。我拒绝了很多钱，什么那种集中的捐助，什么我们公司有 2000 号人捐钱给我，我不要。"

"我的标准就是低于 1 万块钱，只要高于 1 万块钱的我都不接，我没有必要要他们的钱，要么就要医疗物资就可以了，你有钱就给我医疗物资，你不要给我钱。

"我后来买了 500 个紫外线消毒灯送给医护人员，接受了一个 26800 元，还有一个 60000 元的捐款。

"我们志愿者是不怎么出钱的。都是我们志愿者号召出钱，比如有点能力的老板，那这个出 1 万元这个出 5000 元的这种，都这么搞。"

汪勇在做这些事情的时候，前面都是瞒着家人的，第三天的时候，他才跟妻子彭梦霞说了实情。

"因为第三天的时候，我已经送不过来了。从初一开始到初三的时候，他们的需求量都已经翻倍了。我那个时候完全就没有办法陪家人演戏了。前面都还可以跟他们演戏呀，通个视频聊聊天。后面发现没时间，就给她发了一条信息：你信

生命摆渡人
Shengmingbaiduren

不信我?后来她看到信息之后就哭嘛,哭了之后,我就给她安慰嘛。"

汪勇撒着善意的谎言安慰妻子:

"当时我也不能直白地说,我在金银潭接送医护人员。那样的话,她应该更加接受不了。

"我就说我在做一些志愿者的资源对接啊,跟他们协调哇,一天到晚都会看微信、发语音、打电话,所以没有时间接你的视频电话。你看能不能这样?你尽量去录孩子的视频给我,每天晚上睡觉的时候,跟你发个语音,咱们聊聊。我就跟她这么说的。

"她哭了之后还是得接受。

"我之前跟她说'你信不信我'的时候,她以为我是不是感染了。因为我曾经跟她说过有个同事在我背后咳嗽了一声,而且体温偏高,所以等她情绪稳定了,跟她说了这些,她也能接受吧。"

妻子彭梦霞最后的态度是,汪勇毕竟做的是好事。所以她还是表示支持他。这是她当时的想法。

"后面就是,真正跟她坦白的时候,是央视的报道出来了,那我知道肯定瞒不住她了。

"央视报道一出来,她也是喜欢刷手机的一个人,她肯定刷得到,那么我就得提前跟她说吧,我把链接直接转给她,我

第二章
与他并肩作战的人

说,央视已经报道了。"

在汪勇看来,被央视报道毕竟是一件很光荣的事情嘛。他告诉妻子彭梦霞:

"嗯,其实我在接送医护人员,但是我现在已经不再做了,我现在做的是保障他们的生活物资这一块,最危险的时候已经过了。

"我身体好得很,我没有任何感冒发烧的症状,各种都没有,我说你还是要在家里瞒一下父母啊!"

汪勇当时就发了一条朋友圈,说的是:

"任何人看到我任何报道,不要宣传,不要宣传,我家人还不知道,我不希望他们担心。"

后来还是没能瞒住。

"我爸妈是2月13日知道的,其中有一个人是我妈妈的朋友,看到了这些新闻报道,一个电话打过来说,哎呀,你家孩子上新闻了。"

就是这样的一个电话,让汪勇"穿帮"了。

"之后,我爸妈就马上一个电话打给我,他们吓死了。当时我也知道没有办法瞒下去了。这个有视频有名字的东西,有我的车子的新闻,我哪里瞒得过去。"

汪勇只能承认:

生命摆渡人

"是我,但是,这个东西毕竟是个好事嘛。"

他的父母没有再反对下去:

"家里人还以你为傲啊,比较自豪啊,很支持你啊,你在外面也一定要注意安全。"

汪勇听到妈妈在电话那头,假装轻描淡写:

"注意安全。"

但他其实也知道,妈妈不可能不牵肠挂肚。

"从2月13日到我回去的那天,我妈妈都没有睡好,因为我老婆在家里嘛,她时不时会看到妈妈什么状态,就跟她聊一下,她天天都是睡不着。"

汪勇叹了一口气:

"整个疫情,中国里面最厉害的就是湖北,湖北最厉害的就是武汉,武汉最危险的地方就是金银潭,结果他的儿子在金银潭这里护送医护人员。知道的情况下,我相信任何父母都睡不着觉,所以她的反应也是正常的。

"这也是为什么到一个月的时候,我回家来住。主要也是因为家里人的担心和孩子这方面……我的一些顾虑吧。正常情况下,我不会这时候回来,我希望的是等我所有的事情全部搞完以后再回来。"

4. 与他并肩作战的人

作为汪勇团队的志愿者，罗文怀的经历，稍有不同。他对新冠病毒了解得毕竟晚。他们学校当时正在复习考试，还没放假。

大概是在 1 月 15 日，罗文怀听说有人提到：有一个新的病毒冒出来了，能让人呼吸困难、四肢乏力等。

可是，他当时在家里通过新闻媒体了解到的是，这个病毒不一定存在人传人的现象。

所以他也没那么在意这个病毒了。

生命摆渡人
Shengmingbaiduren

罗文怀所在的学校放假比较早，1月16日就放假了。他的孩子读初二，跟他在一个学校。平时他开着车，带孩子上下班。既然新闻里都说了病毒不是人传人的，所以，他当时也没有任何防护。

"我们生活、学习、工作的环境还比较单纯，而且也不在那个华南海鲜市场附近，不过不是很远，但是呢，我们没有到处跑地工作，不属于那种会接触的。"

一开始，疫情对他的工作生活也没有什么影响。他照常工作，接孩子一起回家。

罗文怀的妻子是汉口火车站附近一个公司的会计，放假晚一点，大概是在1月20日之后。

这个时候，新闻里的消息开始转变了。罗文怀听到的消息是要买口罩，戴上口罩防护。

"当时老婆说现在要不要买口罩？那个病毒传染性很强的。"

不过，他家里的口罩还是放假较晚的妻子去买的。他放假了，基本上就在家里。他家住在盘龙城，不在汉口中心城区里住，附近买不到口罩了。

之后他就像所有的武汉市民一样，忽然收到封城的消息。

罗文怀认识一个邻居，叫陈林。困在家里的日子特别难

第二章
与他并肩作战的人

熬，罗文怀看到陈林在做志愿者，他也涌起这个念头。

与陈林聊过以后，陈林问：

"你是不是想当志愿者？"

"我都可以呀。"罗文怀说，"但是要有通行证才能够出去啊，不然的话我出不去，也回不来。这怎么当志愿者？！"

陈林当时也在汪勇团队里，帮汪勇介绍一些愿意当志愿者的人，汪勇他们当时还在布局，了解医护的需要。

陈林在2月1日给罗文怀回话，她告诉罗文怀，你要是真的想做志愿者，我就做一个申请，我就可以给你打通行证，你就能拿着出来。

罗文怀表示，真的想做志愿者。

出门前，罗文怀也给自己做了一番心理建设：

"我觉得只要做好了防护，勤洗手、通风消毒、戴口罩啊，没问题的。"

而且，罗文怀考虑了自己的身体情况：

"我十几年都没感冒过了。平时的工作还比较有规律，再说我还比较注重锻炼，经常打乒乓球，还游泳呢。"

到了2月3日，罗文怀出来开车当志愿者，参与汪勇团队的工作。

这是他第一次碰到汪勇。

生 命 摆 渡 人
Shengmingbaiduren

因为汪勇在挑选志愿者的时候设立了条件：必须是独自一个人住，否则万一感染容易回家传染给家人。

罗文怀说："我年龄40多岁而已。但在志愿者里面，在汪勇的团队里，是年纪最大的。"

在当志愿者这件事上，罗文怀的家人，也跟大多数人一样，是反对的。

罗文怀说："老婆很害怕，当时看电视，关于新冠肺炎的事例很吓人。"

罗文怀的妻子跟他说："你去当志愿者可以，但不要轻易去接触医护人员。"

所以罗文怀当时也跟汪勇谈了这一点，因此，罗文怀参与了很多其他方面的服务工作。

罗文怀说道："汪勇这个团队有20多个人，医护方面的联系，主要是由他负责。因为我们很多人都是在家里住，没有单独的房子，而他有一个单独的房子。"

这个单独的小房，就是顺丰公司仓库旁边的一个小屋子。

"我觉得汪勇是一个很善于与人沟通的人，作为一个青年，他比我小10岁，很有社会责任感，做事还很有条理。当然有时也会遇到一些困难，但他敢于去尝试。"

罗文怀还强调说："他觉得有义务做这个事情的时候，他

第二章
与他并肩作战的人

是不会惧怕困难的。"

罗文怀提到,生活中,汪勇偶尔也开个小玩笑,非常重情义,特别在乎家人。

"大概2月7日的时候,汪勇爸爸家里的酒喝完了,闹着要喝酒,还要烟,闹着要出去买,购物,汪勇就不让他的老爸出来。

"他自己很忙,我在做志愿者过程中,在超市购物时,顺便给他的爸爸买了两条烟,买了一箱子牛栏山。还顺便给他家里买了一些饺子,他女儿想吃饺子。还有别的一些菜。

"一开始汪勇联系了一些餐馆,做盒饭给医护们吃。过了几天之后,政府不允许城里面的餐馆做吃的了。

"汪勇就赶紧到处联系,听说武湖的仟吉食品公司可以做便当。仟吉本来是做蛋糕面包之类的,在这个特殊的情况下,他们了解了我们的困难,开始做盒饭。一边做盒饭,一边还可以顺便做一些三明治、汉堡之类的蛋糕面包。"

罗文怀回忆道:"我们有言在先,汪勇给滴滴师傅们餐饮的时候,要求维持好领取盒饭的秩序,不能造成交通拥堵,更不能有打架这些不良的事件发生,否则就要立即停止对滴滴供餐。"

在这期间,他们的工作展开,基本上还是很顺利的,大概忙碌了10多天。一开始,城里面有一些Today便利店在给滴滴做盒饭便当。这时候,时间来到2月中旬了。

生命摆渡人
Shengmingbaiduren

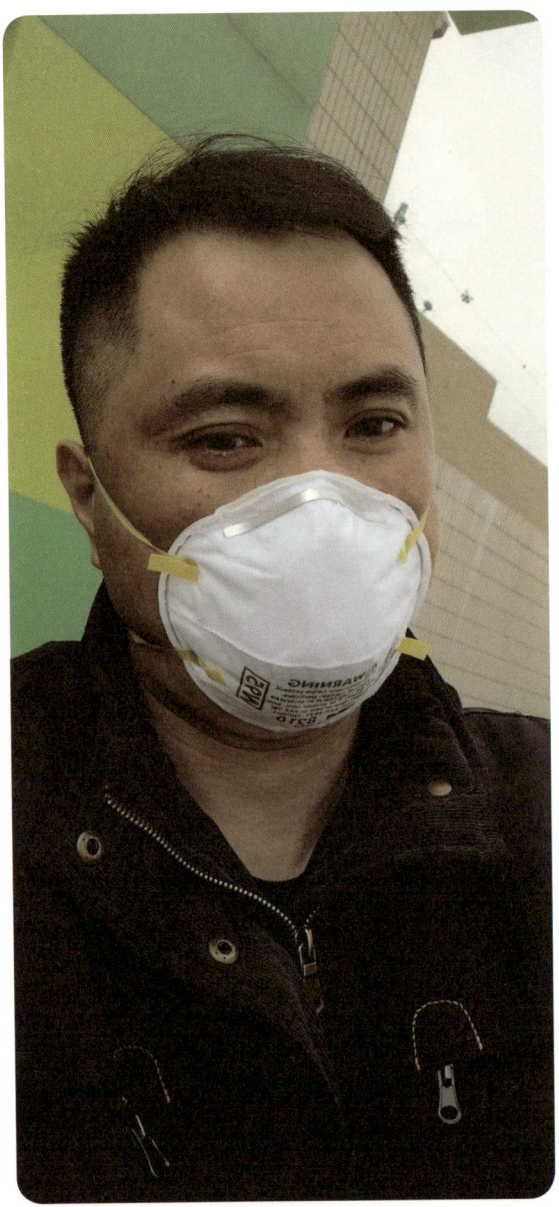

罗文怀生活照

第二章
与他并肩作战的人

罗文怀说:"盘龙城有个捌号仓库,其实也是一个餐馆,主要负责给各个医院提供早餐当盒饭的。2月下旬医院的供餐,主要靠附近的餐馆。捌号仓库就只供应医院的早餐。"

罗文怀提到的捌号仓库,是一对年轻的小夫妻开的。老板娘名叫邱贝文,是个"90后",作为土生土长的武汉人,她无法看着家乡遭逢劫难而置身事外。于是,她和老公把店里的食物做成盒饭,提供给附近医院的医生护士们。当时武汉买菜已经特别贵,她还是以很低的成本价供应。

罗文怀继续说道:"在这期间,我主要是参与一些送餐,工作就变成了帮忙送早餐,再到武汉市汪勇联系的一些供餐点拿东西。比如说有个武汉冷冻食物公司,汪勇让我去拿冷冻鸡,然后送到捌号仓库做鸡汤。

"这个过程中,还要根据居住在酒店的医护人员的需要,购置一些生活用品,像牙膏、洗发水、沐浴露、面霜等。还需要购买一些药品,医护人员也有一些病,比如有一个人得了皮肤病湿疹啊等。"

当时修手机是一个很麻烦的问题,汪勇只说了寻找师傅的事情,还有一个细节却没说。这个细节,我从罗文怀的口中得知。

"汪勇在没找到手机修理店的情况下,买了10个备用机,

生命摆渡人
Shengmingbaiduren

提供给医护人员替换。"

后来他们就通过小区里面一个打乒乓球的球友,问到了人。这个球友以前是修手机的,但是他人不在武汉,回老家江西了。过了四五天时间,这个球友才给罗文怀回话,说终于联系到和他一起修手机的一个师傅。

这个师傅也是因为封城,没来得及离开武汉,被迫滞留在汉。这个师傅,就住在自己的修理店里面。

有些武汉本地医护人员自己开车上下班,电瓶坏了,也求助。车子停在金银潭医院的停车场。

这个事是由罗文怀单独去处理的,汪勇把这个任务交给他,并且还让罗文怀要赶快找一个人,找到修车的地方。

于是,罗文怀当时把手上的活处理完之后,就从杨汉湖到长青路、长港路,到处寻找修理店。

罗文怀记得:"大概晃悠快一个小时了,终于看到一个小修理店,师傅也是滞留在汉的,店铺卷帘门往上提了大概1米高吧。我就跟师傅说,可不可以帮忙把电瓶换一下?他问在什么地方,我说金银潭医院附近。他立马拒绝,说虽然我要赚钱,但是我更想要命,坚决不去的。"

这下,罗文怀也发愁了。他只好对维修师傅说:"那你能不能提供电瓶和夹子,我开过来换。"

第二章
与他并肩作战的人

维修师傅这才同意。于是他拿着师傅的这个电瓶、两个线夹,然后带到金银潭医院那边去,给那辆车打着火。

罗文怀跑了第二次,把车子开到这个师傅修理店的这个地方。

等师傅修理好了,把电瓶换好了,罗文怀又把车开回金银潭医院。

"还有两次医护人员的电动车要修。汪勇领路,我开着面包车,把电动车拖走,找师傅修。"

生命摆渡人
Shengmingbaiduren

5. 在仓库住着吃泡面

在汪勇的那段日子里,遇到问题就解决问题,他每天都很忙,争分夺秒,时间就是生命。这句话,在当时没有半点夸张的成分。他帮白衣战士们解决了实际的困难,白衣战士们就能更好地去治病救人。

汪勇讲述的过程,出现最多的是"好的""马上解决"。

他没有时间诉苦。

然而,只有从他的伙伴口中才能得知,那些飞快被解决的难题,耗费了汪勇他们多少心血,隐藏着多少劳累艰辛。

第二章
与他并肩作战的人

罗文怀回忆道:"那次雨夹雪,我带着师傅去安装酒店的洗衣机烘干机,三个洗衣机两个烘干机,结果那个负责的张经理,一直在开会忙着,我们又没他的私人电话,微信发了又没回,我们在门口保安又不让我们进去。我们不到 10 点就去了,结果等到快 12 点。张经理抽空拿手机看微信之后才发现我们去了。"

心急火燎的罗文怀又联系汪勇,汪勇也开车过来,给他打电话也没接,发微信也没回。

后来,张经理向罗文怀道歉,说是他的责任。当时有一个紧急会议要开,所以就一直没有机会看手机。

谈到汪勇,罗文怀对这个小他很多的青年,一再表示佩服不已。

"迄今为止我参加志愿者活动已经有一个多月了,说实话,汪勇虽然小我 10 岁,但确实令我佩服,其实他要克服的生活困难更多,他要对接资源,在网上发布,还要找一些企业赞助和爱心人士捐款。"

而且汪勇还建了两个滴滴群,一个群主要职责是沟通汉口、盘龙城、黄陂这一带的医护人员上下班,另外一个群是沟通武昌、汉口、汉阳、东西湖的医护人员上下班。每一天,汪勇都要对接巨量的各方需求。

生命摆渡人
Shengmingbaiduren

罗文怀发自内心地觉得："我们大多数志愿者不是冲着发财，不是为了有工资或者什么去的，包括向梦娟老师。我们没要钱，没有任何报酬的。有时候饭都吃不上。"

一起做事情做了很久，罗文怀最为知根知底：

"很长时间，汪勇都是一个人在仓库那边一个小房子里住着，只吃泡面。"

在汪勇帮助那些医护人员的时期，他没办法照顾家人，没办法陪孩子玩。

他3岁的女儿，最常问的话是：

"爸爸什么时候回来？"

好几次路过家门口，汪勇都只能匆忙地把买好的蔬菜放在小区门口。他不敢见孩子，"因为孩子一定会扑过来要抱抱"。

后来，汪勇的女儿再问起爸爸，他的家人跟孩子说：

"爸爸去上班了，去帮助医生了。"

当小小的女儿在电视上看到汪勇，她会指着汪勇说：

"我的爸爸是超人，他在保护医生。"

妻子彭梦霞又是担心汪勇，又得照顾家里的老人和孩子。

他们的女儿，整整一个月，从出生到现在，第一次跟爸爸分开这么久。

这个小小的女孩子，每一天都超级想念她的超人爸爸。从

第二章
与他并肩作战的人

刚开始哭闹着找爸爸,到现在,想念爸爸时,就默默拿着照片,去没人的角落里,不停亲着爸爸,抚摸爸爸的照片,目睹这一幕,彭梦霞觉得既好笑又心酸。

直到汪勇告诉她,准备回家了。彭梦霞压抑不住喜悦,赶紧发朋友圈:

"汪先生今晚就回来了,开心开心。"

生命摆渡人
Shengmingbaiduren

金银潭医院物资转运仓库，汪勇工作生活场所

The third chapter

第三章

武汉啊，武汉

- 我们美丽的家乡，一个卧虎藏龙的城市
- 阳台敲锣求助的女孩
- 小纸条写下最后的叮嘱
- 那些拼死拼活的本地医院工作者
- 最悲伤的消息
- 你安心上班，我解决问题
- 汪勇团队的日常一天
- 武汉，终于走出至暗时刻

第三章
武汉啊,武汉

1. 我们美丽的家乡,一个卧虎藏龙的城市

我该如何向你介绍武汉这座城市?

它是我们的家乡,我是一名武汉的作家,曾经写过很多的文章,去描写它的豪放,描写它的美丽,描述它的温柔。

这座有名的高温火炉城市,每年夏天,有着火辣辣的天气。在这里生活居住的人们,也有着火暴的脾气。

浩荡的长江和汉江在这里交汇,划分出两江三镇:武昌、汉阳、汉口。

武昌起义,打响辛亥革命的第一枪。

生命摆渡人
Shengmingbaiduren

直到 1949 年，三镇合并，真正意义上的大武汉才诞生。

武汉是湖北省会，是中国十几个人口过千万的特大城市之一，也是全国的综合交通枢纽和教育大城。

曾经有人做过一个地图地理的分析，从武汉出发，到国内的任何一个省，都顶多只需要跨越两个省份。

历史上的武汉，以白云黄鹤著称。唐朝诗人崔颢的那首《黄鹤楼》最为有名：

昔人已乘黄鹤去，此地空余黄鹤楼。

黄鹤一去不复返，白云千载空悠悠。

晴川历历汉阳树，芳草萋萋鹦鹉洲。

日暮乡关何处是？烟波江上使人愁。

武汉还有一个源自唐朝诗人李白的美称——江城。诗仙也曾经在武汉流连忘返，写下"黄鹤楼中吹玉笛，江城五月落梅花"，此后江城就成了武汉的别称。

在一部名为《麦兜》的电影中，可爱的麦兜去武当山学功夫。他的妈妈麦太送孩子到武汉转车的时候，说：

"武汉，一个卧虎藏龙的城市，你孕育了热干面，孕育了鸭脖子。"

我也曾认真回忆过：我到底给外地的朋友寄了多少热干面和真空包装的鸭脖子出去，这永远是个谜。

第三章
武汉啊，武汉

武汉的历史往上追溯，可达盘龙城的3000年往事。这个古老又风华正茂的城市，腹有诗书，得千年灵秀。它的诗情画意，并不是被高高供奉起来，而是尽皆化在生活里。

武汉这个城市的个性，在外地朋友眼里，现在最具代表性的标志物，除了交通，就是樱花与鸭脖，这构成了武汉丰富立体的形象。

事实上武汉的确是一个有强烈反差萌的城市。明明是大学成堆的城区，屈原吟过诗，湖光山色美不胜收，名字却叫武昌。因为历史上是兵家必争之地，是战略要点。

明明是开埠以来洋房租界林立、商铺荟萃的城区，却叫汉口，流行码头文化，市民世俗化生活的气息浓郁。这是因为中西经济文化的融合。

明明是高山流水的雅文化发源地的所在，近代出名却是以"汉阳造"的头衔，这得感谢张之洞，就是在他督鄂期间创造的奇迹。

我喜欢武汉的大江大河，有空就会去江滩吹风，坐在轮渡上，看着长江的浪花翻涌，眺望远方的天空，格外神游古今。

如果把武汉比喻成一个朋友——

他可以跟你称兄道弟，同啃一根鸭脖，细谈江湖往事。这很豪放。

生命摆渡人
Shengmingbaiduren

也可以听你倾诉，柔情的樱花落下，任凭你把恋曲故事咏叹起来，一派文艺。这很婉约。

可以古香古色，从文化的源头雅起，高山流水遇知音嘛！也可以青春烂漫，黄鹤楼前跳街舞。既能豪放，亦可婉约，两全其美。一个城市的妙处也一样，南北荟萃，刚柔并济。我心中的武汉，美丽可爱。

直到2020年元旦之前，武汉人还沉浸在跨年的喜悦中。包括我在内。团年打货、逛街看电影，对新年充满憧憬和计划。

2019年12月30日傍晚，武汉市卫健委内部文件流出，开始在网上传开。

2019年12月31日，武汉市卫健委第一次发布有关肺炎疫情的通报。

当天，新华社记者报道了这一通报：

"近期部分医疗机构发现接诊多例与华南海鲜城有关联的肺炎病例，经专家会诊系病毒性肺炎，到目前为止调查未发现明显人传人现象，未发现医务人员感染。"

2020年1月1日"平安武汉"通报，称依法处理了8名"散布谣言者"。

同一天，新华社记者再次发出新闻报道：

"据武汉警方通报，近期，武汉市部分医疗机构发现、接

第三章
武汉啊，武汉

诊多例肺炎病例。武汉市卫健委就此发布了情况通报。但部分网民在不经核实的情况下，在网络上发布、转发不实信息，造成不良社会影响。公安机关经调查核实，已传唤8名违法人员，并依法进行了处理。武汉警方提示，在网上发布信息、言论应遵守法律法规。对于编造、传播、散布谣言，扰乱社会秩序的违法行为，警方将依法查处，绝不姑息。警方呼吁网民不造谣、不信谣、不传谣，共建和谐清朗的网络空间。"

新闻中还提到，"2020年1月1日，华南海鲜批发市场已休市整治"。

在同事群中发出提醒的李文亮、谢琳卡和刘文三位医生，被派出所警察约谈。2020年1月3日，李文亮在派出所内签署了一份《训诫书》。

1月20日，中国工程院院士钟南山接受央视采访时首次明确"新冠病毒人传人"。

2020年1月20日，为应对持续发酵的疫情，武汉市成立新型冠状病毒感染的肺炎疫情防控指挥部。

1月23日，武汉市新型冠状病毒感染的肺炎疫情防控指挥部通告（第1号）宣布当天上午10点封城，公共交通暂停运营，离汉通道暂时关闭，恢复时间未定。

紧接着当天晚上7点钟，武汉市新型冠状病毒感染的肺

生命摆渡人
Shengmingbaiduren

炎疫情防控指挥部通告（第2号）发布，解释封城的必要性，以及武汉市生活、医疗物资储备充分，请市民不用恐慌，不必囤积。

从1月23日开始，武汉定点收治发热病人的医院，向社会发布接受捐赠公告。

随后，越来越多人涌向医院，感染新冠病毒的人越来越多。

这些医院的秩序走向崩溃：

缺！什么都急缺！

医用口罩、防护服、消毒物资、护目镜……完全不够用。

所谓的"物资储备充分"，被后来的事实击得粉碎。

2020年1月26日的《人民日报》发布新闻：

刚刚结束的武汉市新型冠状病毒感染的肺炎疫情防控指挥部视频调度会上，全市选择"居家隔离"。

然而，对于新冠病毒，人们还是太低估了它的杀伤力和传染性。居家隔离，造成很多家庭全家感染。疫情越发严重。

武汉，和这个城市中的人们，坠入天昏地暗的至暗时刻。

《第一财经》记录了年轻的李文亮生命中的最后阶段。

2020年1月8日，李文亮接诊了一个无发热症状的病人，且未做防护。当天他开始出现咳嗽，第二天开始发热。

第三章
武汉啊，武汉

1月12日，李文亮查了呼吸道病毒，做了CT，因高度怀疑是新冠病毒感染的肺炎而正式住院。

1月24日，李文亮病情加重，进入了他任职的武汉市中心医院呼吸内科重症监护室接受治疗，生活起居靠医生护士照料。

在此期间，最高人民法院在官方公众号上贴出了一篇题为《治理有关新型肺炎的谣言问题，这篇文章说清楚了》的文章，引发强烈关注，文中提及：

"执法机关面对虚假信息，应充分考虑信息发布者、传播者在主观上的恶性程度，及其对事物的认知能力。只要信息基本属实，发布者、传播者主观上并无恶意，行为客观上并未造成严重的危害，我们对这样的'虚假信息'理应保持宽容态度。"

1月31日，李文亮仍抱着治愈的希望。当天中午12点14分，他在微博中发文称：

"经过治疗，最近又进行一次检测，我的核酸显示为阴性，但是目前仍然呼吸困难，无法活动。"

2月1日，第三次核酸检测结果出来，他用微博发了最后一条信息，宣告自己被正式确诊。

"今天核酸检测结果为阳性，尘埃落定，终于确诊了。"

生命摆渡人
Shengmingbaiduren

李文亮出生于1985年10月12日，按年纪算，他还是个青年。他对自己有信心，还想着治愈后再上一线，和同事们救人。

然而，2月5日，李文亮的病情恶化，第二天晚上，他被送到急救室。到了2月7日的凌晨3点，武汉中心医院官微发布消息：

"我院眼科医生李文亮，在抗击新冠肺炎疫情工作中不幸感染，经全力抢救无效，于2020年2月7日凌晨2:58去世。对此我们深表痛惜和哀悼。"

李文亮与妻子付雪洁有一个5岁的儿子，他的妻子正怀着第二个孩子。付雪洁在李文亮感染以后，回到了枣阳老家自我隔离。万幸的是他的妻子没有感染。

在李文亮去世的那天，武汉中心医院后湖院区门诊楼门口，群众自发前来悼念他，在医院门口摆放着鲜花，花束旁边，还放有一张他的黑白照片。

直到2020年3月20日，国家监委通报了调查结果：

"中南路派出所出具训诫书不当，执法程序不规范，调查组已建议湖北省武汉市监察机关对此事进行监督纠正。"

随后，公安机关撤销对李文亮的训诫书。

湖北电影制片厂的导演常凯，原本有一个幸福的家庭，其

第三章
武汉啊，武汉

乐融融准备欢度春节。一夕之间，他同样陷入了绝望。

他的父母先后感染了新冠病毒，被收治入院。在2020年的2月初，病情飞快恶化，两位老人相继不幸离世。

常凯和他的妻子，因为要照顾父母，到处求医，双双感染。2月9日常凯被收治进黄陂区人民医院。

几天之后，他的妻子也发病入院，万幸的是，病情比较轻。

2月14日，常凯病逝。

最令人悲叹的是，他还有一个姐姐柳帆，也在同一天，因为感染新冠病毒而去世。柳帆是一名护士。

无情的病毒，夺走了这一家4个人的生命。常凯的儿子在英国留学，因为疫情没有回家。

常凯在生前，写下最后的诀别书：

除夕之夜，遵从政令，撤单豪华酒店年夜宴。自己勉为其难将就掌勺，双亲高堂及内人欢聚一堂，其乐融融。

殊不知，噩梦降临，大年初一，老爷子发烧咳嗽，呼吸困难，送至多家医院就治，均告无床位接收，多方求助，也还是一床难求。

失望至极，回家自救，床前尽孝，寥寥数日，回天乏术，老父含恨撒手人寰，多重打击之下，慈母身心疲惫，免疫力尽

生命摆渡人

失,亦遭烈性感染,随老父而去。

床前服侍双亲数日,无情冠状病毒也吞噬了爱妻和我的躯体。辗转诸家医院哀求哭拜,怎奈位卑言轻,床位难觅,直至病入膏肓,错失医治良机,奄奄气息之中,广告亲朋好友及远在英伦吾儿:我一生为子尽孝,为父尽责,为夫爱妻,为人尽诚!

永别了!我爱的人和爱我的人。

这封遗书,让很多网友潸然泪下。唯愿爱他的,和他爱的家人,最终都平安。

常凯的父母,都是同济医院的教授。而同济医院,正是华中科技大学附属同济医学院所办的。

在受难者名单里,还有武汉大学、华中科技大学等高校里的诸多著名教授、学者。例如中国工程院院士、段氏伽马刀发明人段正澄。段正澄先生逝世后,2020年2月16日,华中科技大学在官方网站,特别设立了网上纪念堂。与此同时,学校还公开了一个属于段正澄先生的"秘密":原来该校援助学生超30名的"征程助学金",就是段正澄先生用自己的百万元奖金,匿名捐助设立的。

在这铺天盖地的疫情中,多少武汉人、多少家庭,陷入永

第三章
武汉啊,武汉

远的哀伤。

天真烂漫的少年,嫌弃着过年又要回家被父母念叨了。他当时不明白,人生中有至亲唠叨,是多么幸福。

任性自我不爱收拾东西的女孩,总是和母亲闹着小脾气。她当时并不知道,有一天,会再也听不到母亲的唠叨。

年过花甲的老人,拎着从超市买回的好菜,盘算着团聚的春节,又能跟孩子们亲亲热热在一起。他当时不知道,他会倒在寒冬里。

爱吃炸鸡爱喝啤酒的"80后"医生,计划新年好好陪伴家人孩子。他还是不知道,他会熄灭在人世间,化为夜空中的星。

喻家山的教工家属区,已是国之栋梁的名校教授,人到晚年仍然精神矍铄,老骥伏枥,为国效力。他们当时也不知道,自己会等不到2020年的春天。

……

高铁站里出国旅行阖家欢乐的人们,更加想不到,竟会陷入颠沛流离。

隔离在福建泉州某个酒店里的武汉人,死于建筑物的坍塌。

所有幸福,就此停滞。所有美好,全被打乱。

生命摆渡人
Shengmingbaiduren

我们的生活，慌乱失控。

怎么会这样？这一切发生得如此不真实，却又是铁一般生硬的事实。

武汉啊武汉，它本来是我们最可爱的家乡，九省通衢，白云黄鹤，一夜之间，命运急转直下，化为最残忍的深渊。

从 2020 年 1 月初，我虽然有所耳闻，但身边的大家，都不觉得有什么。因为都说不危险。

疫情初期，我原本以为，很快就能控制住，可是，没多久我朋友圈里的医生们，纷纷发出求助。我曾经在武汉市第一医院做过讲座，看到这家医院的团委书记温雅君不断重复发着"极缺 N95 口罩，缺护目镜，缺防护服，请支持"的求助信息。

我赶紧通过我的个人渠道到处转发，一些我的读者私信联系我，尽可能把能收集到的防护物资寄过去。

从那一刻开始，我意识到，情况更加严重。按照专业人士的说法，武汉的医疗体系被击穿。连医院都开始求救，形势十万火急。

疫情蔓延，疯狂肆虐，千万人口的大城，卷入悲苦的滔天巨浪。惊涛骇浪中，风雪夹击，成千上万人悲惨染病，重患垂危。流尽眼泪，仓皇奔走求救呼号。

第三章
武汉啊,武汉

2. 阳台敲锣求助的女孩

2020年2月,《杭州日报》新闻客户端发布了浙江绿城医疗队前往武汉支援的驰援日记。

在这份援汉日记里,记录了他们抢救病人的过程,也记录了当时令医护人员目不忍睹耳不忍听的一幕又一幕。他们是一个八人医疗小队。

"2月3日,我们支援的武汉汉阳医院呼吸三科开始收治病人。我们刚到的时候22个病人,之后的3天就收满了,一共55个病人。

生命摆渡人
Shengmingbaiduren

"这些病人中,不能了解太多,因为只要一问病史和流行病调查,泪点就很低了,大部分是家庭聚集性发病。

"有的患者一家五口走了三个;有的患者是俩父子;有的患者是儿媳妇和公公;有的患者父母双亡;个人史都不敢问下去,触动太大了……"

他们援助的汉阳医院,还收治了一位阿姨。

这位阿姨,是她的女儿,通过极其艰难的方式,才得到了一张病床。

2020年2月8日,那天是元宵节,在中国传统风俗里,是吃着汤圆、阖家团圆的日子,陷入新冠疫情沼泽的武汉人,却已经没有心情过节。

当天,有一段视频在网络上传开,在视频里面,有一个女孩子坐在自己家的阳台上,不断敲锣,一边敲,一边哭着求助:

"没有办法了,大家谁能来帮我一下,我实在没办法了,我在这里敲锣,想救我母亲。"

她的母亲赵巧英今年58岁,很早就离异,后来做一点小生意,独自养大了女儿李丽娜。

2020年1月29日,赵巧英出现了发烧症状,并有呼吸局促和轻微咳嗽。一开始,她怕女儿担心,没对女儿讲自己的病情。

第三章
武汉啊，武汉

到了2月1日，李丽娜在跟母亲视频聊天的时候，发现母亲的情况不对劲。她飞快赶回家中，带着母亲到附近的武汉中医院做检查。

一量体温，发烧接近39℃，CT影像学显示双肺感染，有磨玻璃状阴影，氧饱和度数值92%。按照当时国家卫健委《新型冠状病毒感染的肺炎诊疗方案》，具有发热和CT胸片显示双肺多发磨玻璃影这两项临床表现，即为疑似病例；静息状态下，指氧饱和度≤93%，为重症病人。

当天赵巧英就被列入疑似患者。但是，她还需要做核酸检测才能确诊。一开始她在武汉中医院做常规治疗，打消炎针加激素治疗，连续打了四天后，病情稍有好转，2月5日停了激素针，病情立即加重，发烧接近40℃，呼吸困难。2月5日，李丽娜再次带母亲到武汉中医院做CT复查，显示双肺感染面积扩大，呈白肺状。

但是当时的政策是，没做核酸检测就不能确诊，没有确诊，就无法安排住院。即便是确诊了，疫情暴发，各大医院都已经一床难求。

因为一直没有床位，赵巧英只能在家隔离。但在元宵节那天，她的病情急剧恶化，已经从重症往危重症转，高烧39℃，氧饱和度只有70%多，躺在床上大小便失禁。

生命摆渡人
Shengmingbaiduren

对于李丽娜来说,"母亲能否挺得过去就在这关键的一两天,若不能及时住院,我就要失去她了"。

她在内心崩溃之际,万般无奈,只能敲锣求助。她只想让母亲活下去,其他的,都顾不上。

李丽娜所在的小区,属于观澜社区,社区的工作人员当时每日都登记辖区内发热病人的情况,然后往街道报,等候上级的通知。他们也急切地希望病人能住院,然而他们决定不了病床的分配,只能向上反映情况。

万幸,视频传开后,她的母亲被安排住进了汉阳医院。

2020年3月13日,李丽娜发微博,向帮助了她和母亲的医生、护士、志愿者致谢。

"经过一个月的治疗,今天母亲终于出院了。身体基本平稳,后期还需要恢复,除了感谢真的不知道能说什么,是大家的多方努力才让我还能当个孩子,才能在武汉惨烈的求救消息中,有一个好的结局。

"朱博士,李医生,在发病后第一时间帮我读片,指导备药用药,改善症状;卢老师,蒋老师,指引我找到抑制病毒药物,阻止病毒复制;

"Amy提醒我准备设备,联系床位;雁南渡(抱歉现在都不知道你的名字)指导我设备使用及指标监测;25楼的姐姐帮

第三章
武汉啊，武汉

我联系并拖回制氧机，在家有氧气支持；楼下的阿姨帮我提议，冒险出门去社区交涉；西西妈妈帮我送来呼吸机争取了时间；

"魏春华教授用精湛的医术和先进的设备把我母亲从死亡线上拉了回来；省妇幼援汉的宋医生与郭医生，在后期母亲病情反复的时候给予细致的方案及耐心的安抚；

"还有其他帮助我们的热心人，志愿者，家人，所有人的力量拧在了一起，才把母亲拽了回来。

"最后感谢我自己，谢谢自己的勇敢与坚持。疫情结束后，最想做的是拍一套全家福，一家人在一起，比什么都好。"

母亲终于幸存下来，李丽娜终于可以继续做一个孩子了。

在那份浙江绿城医疗队的"驰援日记"里，还记录了一个细节，空闲时间，医护人员与汉阳医院的医护闲聊：

"真心觉得武汉的医护太伟大了，太勇敢了！在疫情最凶猛的12月底到1月底，口罩、白大褂是他们一开始唯一的防护。直到1月中旬，才有了防护服，但每套防护服每人穿2—3天，不是不想遵守感控标准，是因为丢弃了，明天就没有衣服可以穿了……"

这就是医疗防护物资极度匮乏的情况下，汉阳医院的医生护士，奋不顾身的真实写照。

李丽娜和她的母亲是幸运的。

生命摆渡人
Shengmingbaiduren

另一个武汉女孩倩倩,没能拥有这份幸运。

病毒像一辆庞大沉重而失控的马车,横冲直撞,冲向人群。车轮碾轧过来,有人逃脱,有人遭遇不测。

第三章
武汉啊,武汉

3. 小纸条写下最后的叮嘱

根据倩倩在微博中写到的情况,她的母亲因为肺腑 0.9 毫米结节,于 2020 年 1 月 15 日从外省回武汉,在武汉大学人民医院做检查,然后在 1 月 17 日做手术。

在 1 月 17 日术后,她的母亲那麻醉一直处于昏迷状态。昏迷中,只对耳边手机里播放的侄儿视频有反应。

在 1 月 19 日下午,她提前请假回到母亲身边陪护,她的哥哥也来了。手术后,倩倩的母亲一直疼痛难忍,会忍不住哀号哭泣。

生命摆渡人
Shengmingbaiduren

当时,她和家人还不清楚这个病毒的危险可怕,从新闻里听到的,还是不严重,有限人传人。

后来,倩倩在微博上记录了当时的经历:

"20日的下午4点,医生来拔掉了母亲颈部打针用的滞留管,和胸侧粗达1厘米的胸瓶导流管,两根管子长10到20厘米,还要用线把插管的伤口死死扎紧。母亲痛不欲生,也只是咬着牙关,握着拳头,不肯抓我的手。我知道她怕抓疼我吓到我,在努力忍着!我的母亲真的非常非常坚强勇敢!我心疼至极!现在回忆这些,写下这短短数行字,我已因痛哭不止不得已,停下好几次来平复……妈妈我对不起您,我好想您啊妈妈!"

她的母亲,在2020年1月22日,确诊新冠肺炎。

她的父亲,因日夜精心照顾她的母亲,同样在医院被感染,于1月24日,入住武汉青山区第九医院,也进了重症监护室。

倩倩一直后悔,在微博上说:

"母亲是刚刚手术后感染所以毫无自理能力,是重症中的重症。"

"那时的我们只当是一个小手术,没能及时意识到严重性,帮母亲争取更好的治疗,是我一生的遗憾……"

第三章
武汉啊，武汉

新年第一天，倩倩的母亲在隔离病房去世。

失去母亲后，倩倩才发现母亲曾经在家里留下一张纸条："你做蛋糕的面粉过期了，我拿走了，食品有保质期的。你一个人生活以后要买小包装的；东西要归类好，免得不记得。用不了也是一种浪费。日子是要精打细算地过……别闲（嫌）妈妈唠叨，即日。"

那是一个母亲，最后留给女儿的"唠叨"。

每一个字，都是落在人心上的重锤，令人潸然泪下。

还有一张纸条，让人泪崩。

重症病房里的新冠肺炎患者，最后只有两个结局：活下来，或者死去。

胡伟航是浙江医院ICU主任助理，大年初一，他就参加了浙江省紧急医疗队，驰援武汉。胡伟航在武汉市第四医院救援重症病患，有一个患者给他留下最深的印象。这位重症患者叫肖贤友，今年47岁。

肖贤友在病房里20多天了，呼吸急促，氧饱和度只有80%多一点。作为医生，胡伟航痛苦又无奈：

"正常人85%以下就要死了。但是我们这里没有ECMO，做了很多努力，还是没法缓解他的痛苦，得想办法给他转到金银潭医院。"

生命摆渡人

2月11日下午，肖贤友给妻子林林微信上发消息：

"支付宝里有钱。"

林林回复：

"我不要，你要好好的。"

然后肖贤友又发来一句：

"把我的尸体给国家。"

林林回复：

"你要丢下我，我不答应。肖贤友，我告诉你，我们一家人还要在一起好好生活。我爱你一辈子了，你要这样丢下我，你说我还能活吗？我现在要你打起精神好好地活着，为了我为了孩子再努力一次。我相信你舍不得离开我，我更舍不得离开你，我不能没有你，孩子不能没有爸爸。"

所幸，2月12日上午，金银潭医院空出了一张床位，肖贤友终于可以转过去，但是很可能因为路上缺氧而心跳停止。肖贤友和他的妻子林林商量之后，确定了转院。

肖贤友当时颤抖着比画，示意护士想写字。医护人员给他找来纸笔，他吃力地写下了一份11个字的遗书。

那天中午，肖贤友拒绝再使用救命的丙球蛋白，那是他的妻子自费买回来的。

肖贤友说："这个不打了，给别人。"

第三章
武汉啊,武汉

　　那天下午,他被转运到了金银潭医院。然而就在第二天,肖贤友因病情恶化去世。

　　那封短短的遗书如此写道:

　　"我的遗体捐国家。我老婆呢?"

　　那是他在人世间永远放不下的牵挂。

生命摆渡人
Shengmingbaiduren

4. 那些拼死拼活的本地医院工作者

刘智明是武昌医院的院长,在感染新冠肺炎后,救治多日,最终还是在 2020 年 2 月 18 日离世,年仅 51 岁。

早在 2020 年 1 月 21 日,疫情日趋紧张,刘智明所在的武昌医院,被征用为武汉市第一批定点医院,准备接收发热病人。因为院区需要临时改造,时间紧迫,包括刘智明在内的医院负责人,争分夺秒分配布置相关的工作。

刘智明本身还是神经外科的专家,需要出入一线病房。就在那两天,他开始呼吸急促,身体发热。

第三章
武汉啊，武汉

除夕夜，刘智明因病情加重，转入武昌医院重症监护室。他的妻子蔡利萍，是武汉市第三医院光谷院区 ICU 护士长，当时，蔡利萍也在自己的岗位上，拼命救治病患，她只能通过视频电话跟丈夫联系。

武汉市第三医院光谷院区在 2020 年 1 月底病患数量激增，病区全部收满，蔡利萍作为护士长，她无法不管那些病人。一边是重病垂危的丈夫，一边是新冠重症患者。

万般无奈之下，蔡利萍对刘智明说："我来陪你吧。"

手机视频那头，不能说话的刘智明，却只是摇摇头。

他明白爱人此刻的职责。

是拒绝，最终也成了永别……

殡葬车接走遗体的那天，蔡利萍大哭着追赶那辆殡葬车。

她的同事只能紧紧抱住她，她拼命挣脱，跟着车子追出很远。

殡葬车越来越远，只剩下蔡利萍撕心裂肺的痛哭。

杨双春是一位小学教师，她的先生刘一新，就在武汉大学中南医院工作，负责医务。原本，他们夫妇在美国探亲，看望在匹兹堡大学念书的儿子。疫情来临，刘一新急得不得了，只想赶快回到国内。

因为他的同事们都在一线发热门诊分诊，人员力量远远不

生命摆渡人

够,他觉得自己必须跟同事们并肩作战。

那段日子,刘一新每天出入发热门诊,在最危险的地方工作。

她作为后方家属,既盼望先生平安回家,可是,当先生回家时,她又如临大敌,不停地消毒,惊慌害怕。

作为一个医务工作者的家属,她常常失眠,每一天都是崩溃的。

但她还是硬挺着,每天做好饭菜,照顾好家里的老人,等待着爱人平安回来。

平时一贯精明能干的杨双春,也常常泪流不止,她不得不找朋友和老同学倾诉。

当医院里的人冒死冲上去的时候,他们的家人,承担了比一般市民更大的压力。

此时此刻,我们武汉人才明白钟南山院士在1月份的哽咽。

武汉是英雄的城市,武汉人民是英雄的人民。

我们要承受无比沉重的苦难,去面对这场庞大的浩劫。

如果能够选择,大家只希望家人平平安安。

唯有知道这些最为真实的呼救惨痛,我们才能体会"全国瞩目,八方驰援"的意义。

第三章
武汉啊，武汉

　　武汉人，视那些救自己于水火的白衣战士为英雄。

　　他们对武汉人的恩情，武汉人没齿难忘。

　　唯有知道这些最为无助的泣血锥心，我们才能体会汪勇和如他一般站出来的人是多么的珍贵。

　　那些保护我们的人，我们也要竭尽所能拼死去保护。

生 命 摆 渡 人
Shengmingbaiduren

5. 最悲伤的消息

汪勇很庆幸，他自己，还有他的团队，都没有感染。

他接送的护士，也没有听到感染的情况。

但是，这一路帮助医护人员，病毒的威胁，始终像一把达摩克利斯之剑，悬在每个人的头顶上。

直到武钢总医院的一位医生，告诉他那个糟糕的消息。

汪勇一直在跟这位医生对接送餐送盒饭，解决医护人员的各种物资需求等。

2020年1月30日的晚上9点，那位医生突然在微信上给

第三章
武汉啊，武汉

汪勇发消息：

"我科室有同事刚刚确诊感染了……我们科室应该都遭殃了。"

"我真的吐血啊！"汪勇发出一连串流泪的表情符号。

"不晓得说什么，唉……我们应该都会被隔离吧！"医生说。

"主要关心你嘛（的）家人。哎！"

"我最近都不会回家了，就在酒店。"

"那就没事，95%的人都扛得过去，没有并发症。"汪勇努力安慰那位医生。

"希望能够扛过去吧！"

"我的心还没平静，我们真的真的很拼命地护送医护人员。想尽一切办法解决后勤问题，调动一切我能想到的资源。每天睡不到5个小时，扛着所有人都不敢想的风险在前行。老天为什么这么不公平？明明很努力很努力了。天哪，饶了武汉吧！"

那一刻，汪勇的心凉了。

吃不好睡不好，所有的辛苦劳累都不在乎，听到这个消息时，汪勇还是情绪决堤了。

说到这一段，他的声音整个低落下来，他说："那是我最悲伤的时刻。"

生命摆渡人
Shengmingbaiduren

"我都快崩溃了,睡不着,吃不下,唉……"那位医生忍不住也向汪勇倾诉起来。

"已成定局的事情,调整自己,加油,疫情过后喝一口。"汪勇自己不能崩掉,他继续安慰这位医生。

"可以帮我找点泡面矿泉水之类的吗?捐的东西到了医院,再派发到每个科室,然后到我们每个人手上只有一桶泡面了……"医生找汪勇求助,"今天下午三四点以前可以吗?"

汪勇马上答应了。

被感染的医生,远不止武钢总医院的。武汉,在这场疫情中失去了太多优秀的医生。

2017年4月30日那天,网友"张yan52"发过一条微博,她这样记录着:

"昨天到武汉市中心医院甲乳外科,准备找之前给我做手术的医生咨询点事,正好碰到江学庆医生查房,看到在一名前一天刚做了甲状旁腺肿瘤手术的患者床前,他柔声细语地安慰患者与家属,嘱咐饮食,还给患者示范按摩,前前后后20多分钟,说话不急不躁,声音轻柔温暖,真心希望多一些这样的好医生……"

谁也无法想到,那里面提到的江医生,再也不能柔声细语,温柔地安慰患者与家属了。

第三章
武汉啊，武汉

江学庆是武汉市中心医院的医生，也是这家医院的甲状腺乳腺外科主任。在同事和病患的印象中，他是个性格很好的人。

《南方周末》报道："1月上旬，甲状腺乳腺外科主任江学庆戴口罩去开会，被院领导批评。此后，该院多位医生都看到他没戴口罩。不幸的是，几天后，江主任被感染、确诊，之后做气管插管、机械通气、体外膜肺氧合，一步步衰竭，直至死亡。"

江医生的同事于林，在1月13日下午最后一次见到他，他还在专家门诊接诊，来不及吃饭。

他对于林说："大姐，你来这儿干什么？这里很危险，你办了事赶快走。"

江学庆医生离开人世的那天，是2020年3月1日。

他所在的科室，有一个微信群。在他去世后，群内的人都把头像换成了一支黑暗中燃烧发光的蜡烛。

只有一个人还维持着原来的头像，那是无法更换照片的江医生。

除了江学庆医生，这家医院还有多名殉职的医生专家。

眼科医生李文亮，也供职于武汉市中心医院。他是一名"80后"，最早他从同事艾芬那里，得知有一种类似SARS的冠状病毒感染人，导致肺炎。

生命摆渡人

艾芬是这家医院的急诊科主任。

2020年1月下旬,62岁的赵阿姨(化姓)因发热、咳嗽、呼吸困难来到后湖院区发热门诊看病,后被诊断为新冠肺炎,被收治到留观病房。前来查看病情的艾芬发现,在一旁照顾的赵阿姨的丈夫没有戴口罩。

1月25日,赵阿姨在经鼻高流量吸氧治疗下的血氧饱和度升到了99%。赵阿姨的丈夫说:

"我发现,艾主任只要在病房看到家属没有戴口罩,就很热心地把自己的口罩送给他们。"

虽然也遭到医院领导的批评,艾芬仍然奋战在抢救病人的第一线:

"大家都想着多一点时间,多一次坚持,就能多救一个病人"。

回顾整个疫情暴发的前期阶段,张继先医生是"疫情上报第一人",最早判断坚持上报,拉响新冠肺炎疫情警报。

流传了一个多月的不明肺炎病毒,尘埃落定。这就是一种新型冠状病毒,传染性极强。

2020年3月5日,由国家卫生健康委、人力资源和社会保障部、国家中医药管理局发布的《关于表彰全国卫生健康系统新冠肺炎疫情防控工作先进集体和先进个人的决定》当中,

第三章
武汉啊，武汉

向李文亮等医生，追授了"全国卫生健康系统新冠肺炎疫情防控工作先进个人"的称号。

在2020年的3月6日，中央指导组成员、国务院副秘书长丁向阳介绍：

"今年1月份和1月份之前，湖北省超过3000名医护人员被感染，其中40%是在医院感染，60%是在社区（感染），均为湖北当地的医护人员。""全国支援湖北、武汉的4万多名医护人员，目前统计的情况看，没有感染的报告。"

湖北武汉的医生护士们，遭受巨创。他们或者因为缺乏防护，或者因为当时环境所迫，没能防护。

这么多医护被感染的背后，是武汉，乃至湖北，多达数万人的感染病患。

武汉人处于什么样的悲惨境地，武汉的情况有多么的危急，援汉的医生护士处于什么样的险峻境地，在朱畴文医生的一段公开录音里，也有所呈现。

朱畴文医生，是驰援武汉的复旦大学附属中山医院医疗队的领队，同时也是复旦大学附属中山医院的副院长。

他在2020年3月7日的下午出发，晚间抵达武汉。他经过长江大桥，经过黄鹤楼，一路所见，街道上空荡无人。雨夜中，他们心情沉重，说不出话来。

生命摆渡人
Shengmingbaiduren

"谈到队员的压力,肯定有。我也有压力,我的压力就是零感染,所以我再三强调安全,没有足够的防护,绝对不准轻举妄动,不准硬冲,大家都接受了。并不是我们退缩,只有做好自己的防护,才能够更加安心地做好各种诊疗活动。其中有的孩子是蛮紧张的,刚刚20多岁。穿着防护服,戴着三层手套,戴着护目镜,再戴个面罩,人全闷在里头,再加上脚套,你摸脉搏都摸不到,任何操作都必须非常小心,所以真的是很难的,尤其是护士们很辛苦的。

"前一周我们有三个晕倒的,一出来就倒了。还有一个男护士,在里面吐了,吐在口罩里。吐出来的时候,他脑子里想:拿掉口罩,新冠肺炎;呕吐物不慎吸进去,吸入性肺炎,哪条路都不好。都是孩子啊!

"我们队员里头也有几个发低烧的,37.2℃左右,然后就退烧了,就这么过了。一旦有不舒服就在家休息。我们一人一个单间,水、饭送到门口,不要出来自己待着,但是我们和他们都是密切接触的。如果真有一个感染的,我们整个队伍都得隔离。现在进入正轨了,大家按时上班,来回坐班车。我们驻地和医院之间有12公里。我要求工作完,洗了澡马上回来,别在医院待着,回家休息。我们班次排得很密,司机师傅也很辛苦。"

第三章
武汉啊，武汉

他们在武汉大学人民医院的东院区，接管了两个传染病病房，共80张床位。他们到来的阶段，已经是物资短缺的情况相对缓解的时候。但因为病患太多，原先的医院条件不是专门为传染病建造的，而是临时改造的，还是仪器不够，氧气量不足。

"我们能够保证大家生活上没有什么问题。医院里提供三顿饭，酒店里提供三顿饭，还有很多捐赠，吃的物资肯定是足够的。有几天肉食品少了，荤食品少了，悄悄地呼吁了一把，真有能人就给我们送肉来了，现在好心人不少，各显神通。"

他们在定点院区接收的病患，有的症状很重，朱医生和他的团队，尽可能给予这些患者一份关怀、一点温暖。

"一些病人在床上插着管不能动，吃东西没法吃，喝水也没法喝。即使可以走动的，也就是能自己吃三餐。衣服怎么洗？卫生怎么搞？都是问题。所以我们的医护人员除了看病以外，还帮他们个人打扫卫生，送去了内衣、毛巾、肥皂、拖鞋，还有很多吃的东西。帮病人打打电话，跟家里通话、通视频。老太太躺床上，谁跟她说话？老头子走不动，谁跟他聊几句？"

6. 你安心上班,我解决问题

了解到这些,我们更加体会到白衣战士的可贵。

更能了解汪勇和他的伙伴们的可贵。

赵娟是武汉市东湖医院内五科的一名女护士,早在2020年1月19日,因疫情的需要,她就和另外两名同事赶往武汉市金银潭医院,参与防控救治。

"在隔离病房的工作,很苦很累,也很危险,每天都在跟死神打交道。"但在赵娟眼里,"当时大家都赞美我们是白衣天使,是英雄,称赞我们的行为是最美逆行!然而,今天我要赞

第三章
武汉啊，武汉

美的并不是我们的白衣天使，而是一名普通的快递小哥。或许他从来都没有进过隔离病房，但是他的所作所为并不亚于任何一名逆行的白衣战士。

"其实最开始对他并不是很了解，更多的认识来自外援医护群里对他的赞美和评价！当时为了防控疫情的需要，武汉已经封城，所有的交通工具已经停运，医护人员上下班是个很大的难题。机缘巧合中，他成了很多医护人员的专职司机。他不惧危险，风雨无阻，没日没夜地送他们上下班，态度热忱，还帮忙搬运行李。"

护士赵娟第一次真正跟汪勇打交道，是因为她的车坏了。

"当时因为认识的一名安徽队外援护理老师，他所在的酒店离医院比较远，上下班不是很方便，于是我就把我的车借给他们开了。几天后那个老师很不好意思地跟我说车打不着火了。我安慰他说没事，我来找人修车，其实我知道这也只是安慰而已。因为特殊时期是没有4S店开门的，就算找到修车的地方，别人也会谈金银潭医院色变。

"一同来的几个医生说可以帮忙问问志愿者，问来问去，我们自己都笑了，因为问的都是同一个人——汪勇大哥。其实他比我们很多人年纪都小，但是许多人都尊称他一声'汪勇大哥'。那几天天气很不好，武汉还很罕见地下了一场大雪，特

生 命 摆 渡 人
Shengmingbaiduren

别冷。

"后来听说他找了好几个修车师傅,别人一听是金银潭医院的都不愿意来,好不容易说服愿意来的师傅,还要求必须把车推到马路外面远离医院才可以。于是我自己都放弃了,跟汪勇大哥说要不算了吧,等疫情结束之后再修吧,这时天气又不好,让师傅来修车也不安全,他给我回信息让我安心上班,车子的事他来解决。

"他说他咨询了好几个专业的师傅,估计是电瓶没电了。别的师傅要是不愿意来,他就自己给换电瓶,不会就视频现场学嘛!当时被他的热心快肠、乐观开朗,感动得一塌糊涂!"

赵娟再一次跟汪勇有交集,是在 2020 年 2 月中旬。她利用休息的时间,给一个方舱医院的病人送药,拐弯时,因为视线的盲区,赵娟跟一个美团外卖师傅撞车了。

所幸,那位外卖师傅身体没什么大碍,只是他的电动车被撞坏了,师傅很着急,因为这段时间是外卖的高峰期,订单量很大,他们的公司很繁忙。

赵娟冷静下来,安慰外卖师傅:"别着急,我打电话求助一下。"

她当时就拨通了汪勇的电话,汪勇让她把定位发给他。

汪勇到来的速度,超乎了赵娟的想象。

第三章
武汉啊，武汉

他来到现场后，给外卖师傅表明了自己的身份，说会妥善解决他的电动车问题，让赵娟先去方舱医院送药。

送完药回来，赵娟看到他发的朋友圈，求助汉口片区会修电动车的师傅：

"我很愧疚，知道现在找修车师傅真的很难，我跟他发信息说对不起，他还是那句话，让我安心工作，一切交给他来解决。我突然不知道说什么话来表达我当时的心情。"

当天晚上11点，汪勇给赵娟发了一张给美团师傅送电动车的图片，还有一段语音。

语音里，汪勇告诉赵娟，因为配件的问题，白天跑了很多地方，所以到现在才处理好。

而且，他也跟美团师傅交代过了，身体有什么不适，可以随时找他，他把他的电话也留给那个师傅了。

交代完了事情的处理情况，汪勇对赵娟说："你不用担心，安心上班。"

几天后，央视频道播出了汪勇和他的志愿者团队的故事，赵娟看电视才得知：

"那天我给他打电话时，他正在吃泡面，接到我的求助，他放下手中才吃了几口的泡面马上就赶来了，为了修车的事，忙到晚上都没时间吃饭。肺科支援的同事说，他看到汪勇的英

生命摆渡人
Shengmingbaiduren

勇事迹，感动哭了。我说是的，因为我已经泪流满面了！"

赵娟还记得，当时她去方舱医院的路上，一个随行的同事问赵娟："你为什么会第一时间想到汪勇大哥，而不是向别人求助？"

赵娟的回答是："其实我也不知道为什么就第一时间想到了他，最后我想可能是信任吧，因为相信他。"

很多人都被汪勇的所作所为感动了。

一开始采访汪勇的时候，我也抱着好奇心，有很多的为什么。

这个人为什么那么勇敢，为什么那么厉害，做到了很多人没做到的事情？

汪勇对我说过一句话：

"我觉得他们在为我们拼命，他们觉得我在为他们拼命。"

仅仅是因为，他在为医护们拼命。

第三章
武汉啊，武汉

7. 汪勇团队的日常一天

2020年3月7日，武汉的疫情首次进入两位数，这一天发布的3月6日新增确诊数字，降到了74人。除武汉之外的湖北其他地区，纷纷清零。

当天早晨，太阳照常升起，阳光露出几分明媚，我们武汉人觉得，在惊蛰之后，这是一个好消息。

汪勇所在的各种援助微信群，其中有一个叫"维也纳酒店后勤群"。

疫情渐渐稳定，援助武汉的医疗队语气也有了轻松的气息。

生命摆渡人
Shengmingbaiduren

群里的医护人员开始担心起自己的体重,他们的伙食已经获得了很大改善,有些人甚至开始变胖,迫切需要体重计。

一位网名叫"晨曦"的医护工作者开玩笑:

"看这架势,称个体重还得上桌子?有点分量的还不敢上去呢,怕把桌子压坏了。"

另外一位"goodluck"则配上一个机灵的表情符号:

"不要紧,你们都那么瘦。"

还有人晒出了午饭的菜品,名称依次是:莴苣、胡萝卜烧羊肉、小炒肉、清炒菜薹、剁椒鱼头、莴苣烧鸭肉、面条、水饺……

维也纳酒店总经理彭广伟说道:"体脂秤放在大堂书桌这里,大家路过可以使用。昨天又买了羽毛球、乒乓球、跳绳放在前台,大家也可以到前台租借,劳逸结合。"

就在当天,汪勇通知群里所有人:"今天马上会补面膜过来,各位务必每人领一盒,如果同房间在上班,请下班后来领取,我近期会一直收集,到了再下分给各位。"

此次汪勇搞到的补给品是144盒百雀羚面膜。

这对于爱美的女孩来说,也是个好消息。

群里的"娜娜"迫不及待地问:"几点到,面膜?上次下楼没看见。"

第三章
武汉啊，武汉

汪勇回答："预计 15 分钟吧。每人都有。志愿者送来的。"

"男的有不，勇哥？"一位网名叫"一千颗眼泪"的医护人员问。

"有。"汪勇说，"会持续收集这个物资，持续供给。"

在另外一个"全国援汉医护团队"的聊天群里，汪勇发布了同样的消息。医护人员们纷纷跟着发出开心的聊天表情。

其他细碎的求助，仍然在源源不断地发出来，汪勇越来越熟练，让双方马上联系上。

"勇哥可以帮忙买个手机膜吗？ iPhone X 和 XR。"

"问题不大，C罗修眼镜和手机。以后手机、眼镜类问题直接@他处理，他是我老哥，我们一起为各位服务，你们找到我这里我也是转达。"

C罗是另外一位志愿者，也就是汪勇团队里的罗文怀。

从手机被酒精搞坏了、眼镜腿断了，电动车、小汽车打不着火了，缺少指甲剪，再到袜子没有了，罗文怀的"后勤工作"极为琐碎，但正是这些微小的事情，困扰着医护们，解决了问题，医护人员就不必分心，能够专心救治病患。

罗文怀堪称汪勇团队里的后勤部长，分工合作，尽最大努力协助医护们战疫。

在群内，他的网名后直接就是他的手机号码，以方便医护

生命摆渡人
Shengmingbaiduren

人员联系。

罗文怀提醒大家:"各位医护卫士、白衣天使们,修手机的师傅让我转告大家,手机消毒时不要直接往手机上喷,最好喷在布或湿纸巾上,然后用它们擦拭手机,以免手机进水,央视记者三个手机都是因为这坏了,仅修好了一个,另外两个因泡水严重,主板都被腐蚀,修不了!"

与此同时,在"金银潭梦百合酒店后勤保障服务"群里,两位女性医护人员之间,在传递着一条令人揪心的消息。

"需要带几句话鼓励一下病人,我发给你啊!"

一名姓黄的患者,1973年生,现在在金银潭医院南七楼重症监护室。

"鼓励他一定要有信心,家里人需要他,他的哥哥已经因这个病去世,家里父母80多岁了,受不了失去两个儿子的打击!谢谢你们,多照顾他,多安慰他!"

"好的!会帮你转达。"

"你们也保护好自己。"

对于汪勇来说,像这样的日子,从他忙完了接送、供餐、找洗衣机之后,每一天都在重复着。源源不断地出现需求,源源不断地解决问题。医护们一天有需求,他就一天不停歇。

2020年3月8日,在国际劳动妇女节这一天。

第三章
武汉啊,武汉

"金银潭医院梦百合酒店后勤保障服务"群里,汪勇邀请了几个爱心人士,大家送上他们的祝福及红包。

"真心感谢各位医护人员驰援武汉,在最危急的时刻,那么多的未知,我深切地知道你们经历了什么。随着疫情的散去,需要我们提供的服务将越来越少,在此衷心祝愿各位及家人安康,越来越好,常联系哈。

"任何时候我还是你们的那个勇哥,我变不了,不管我以后发展成什么样子,在你们面前就是最初的那个我,爱你们哟!"

汪勇与吉林医疗队合影

生 命 摆 渡 人

Shengmingbaiduren

从左到右依次为志愿者余华、罗文怀、汪勇和向梦娟

第三章
武汉啊，武汉

8. 武汉，终于走出至暗时刻

那段日子，整个武汉，所有的人，都笼罩在压抑的阴云中。作为一个志愿者，华猛有最悲伤的时候：

"最初的那二十几天，那是武汉最困难的时候。特别是在路上开车，空荡荡的，只觉得，这像很多灾难片里面的一样，只剩空旷的城市。实际上人都在房间里躲着。武汉没有了往日的喧哗和热闹，一个人在路上开着车，觉得自己像一个特别孤独的人。也不知道希望在哪里，或者是路在哪里，只觉得很凄凉。"

生命摆渡人

希望啊,希望在哪里?

陈胜是武汉市关东街道办的一名副科级聘任干部,是个"90后"。当2020年1月新冠肺炎疫情警报拉响时,他也开始了这场捍卫"希望"的战斗。

疫情初期,陈胜就接送重症病人往返火神山、雷神山医院。随着疫情暴发,他每天往返于各大方舱医院、医院和居民区,负责接回治愈患者。

2月23日,从火神山、各方舱医院、各公立医院接回累计17人,1个孩子送儿童医院,1个孕妈妈送省人民东院。因任务繁重,接送队伍已补充力量,但仍不知波动曲线的拐点何时真正到来,但治愈病人越来越多,这恰是一座城市即将复苏的前奏,更是万物生民竞自由的希望。

"自从好不容易搞到这辆专业救护车,我就好像成为专业救火队,电话被打爆,一个点位还没有跑完,又接到各种'执行任务'的催命呼叫。把我劈成三瓣五瓣用吧,我也想多拉病人,可实力不允许啊!坚持坚持再坚持,不放弃,直到把全部病人送进方舱,又把全部病人接回来。"

朋友们为他担心,每天接触感染的患者,太危险了,他却觉得:

"每天干点实事,内心充实满足,但凭良心吧。"

第三章
武汉啊，武汉

陈胜每天都在朋友圈更新，发着来自"现场的声音"。他对我说：

"我之所以每天更新，不是爱发朋友圈，而是想通过这个现场的真实场面，给朋友圈的朋友一种希望。"

3月17日，他又接回9家医院治愈的患者29人。就这样，他开着一辆印有"武汉加油"字样的救护车，累计接送新冠肺炎病人超过1000人。

有一句经典电影台词如是说："希望是个好东西，也许是世间最好的东西。"

事后看来，希望其实就在每一个坚持的人身上。是汪勇，是汪勇团队的志愿者，是如他们一般的志愿者，是援汉援鄂的医护，是在社区基层对得起良心的工作人员……是所有努力的人，共同找回了希望。

八方驰援，全国支持，让武汉的医护们得以轮替。

雷神山医院、火神山医院，以震撼世界的速度飞快地建起来。

时间进入2020年2月中旬，愁云惨淡中的武汉人，忽然看到了异乎寻常的消息。

一个穿着生活装的武汉嫂子，戴着口罩，在方舱医院里跳起舞来。渐渐地，女患者带动男患者，这些阿姨大叔们，还有

生命摆渡人
Shengmingbaiduren

年轻人，被带动起来。他们在穿着白色防护服的医护带领下，翩翩起舞。

这群胖胖的"米其林"医护人员，努力活跃气氛，一扫方舱医院的抑郁。

有的方舱医院内，来自新疆的护士，教大家学扭动脑袋的传统民族舞，而源自海南的摇摆儋州调声，散发出热带风情的韵味。

还有的方舱医院里，大家和着《火红的萨日朗》，跳起了四川坝坝舞。《冬天里的一把火》的伴奏音乐响起来，更多男患者也加入到舞群里。

这些人展开眉头，露出笑容。再加上武汉人天生爽朗奔放的响亮笑声，网友们惊讶了。按常理，这些不幸感染病毒的患者应该处于压抑而沉闷的状态。

人类在面对未知病毒时，恐慌、害怕、战栗，都是常态。

然而，要么恐惧压倒我们，要么我们去直面恐惧。

用什么来化解内心的恐惧？

唯有关怀、温暖和爱，重新鼓舞起斗志，才会有笑声。

有一篇外国小说里说："我们的人生中真正可怕的不是恐怖本身，恐怖的确在那里……它以各种各样的形式出现，有时将我们压倒。但比什么都恐怖的，则是在恐怖面前背过身去、

第三章
武汉啊，武汉

闭上眼睛。这样，我们势必把自己心中最为贵重的东西转让给什么。"

在这个时刻，广场舞有了截然不同的意义。打太极，做健身操，大家相互取暖，乐观起来。

是中国工程院副院长、中国医学科学院北京协和医学院校长王辰院士建议，在武汉改造体育馆等大型场所，开建方舱医院。

据专家总结：新冠肺炎疫情的显著特点是，80%—85%的患者是轻症，甚至可以自愈。或者给予一定的规范对症的医疗照护，警惕其发展为重症就可以了。最关键的是，要把这部分病人隔离，避免扩大疫情传播。方舱医院在医学上，全称为"方舱庇护医院"。

当时，中央提出"应收尽收，应治尽治"的工作方针，方舱医院落实了这一方针。

王辰院士在新华社的一次采访中说道：

"启动建设方舱医院，正值武汉疫情最严峻的时候。当时武汉的医院一床难求，上万病人淤积在家庭、社区和社会上无法及时收治，可以说整个武汉医疗体系被压垮了。如果这些人得不到收治，就很难控制疫情。"

从 2020 年 2 月 6 日开始，方舱医院累计收治轻症患者 1.2

生命摆渡人
Shengmingbaiduren

万余人,整个武汉的疫情,这才开始好转,人们头顶上的阴霾逐步被驱散。

而方舱医院一开始的筹建,是临时提出的,所以缺物资、缺条件。体育场馆的改造,配套也必须逐步完善,水电设施、消毒设备,都存在诸多不足。

医护们艰辛努力,以最大的心力去呵护关心病人,一点点克服麻烦与困难。

2月13日武汉东西湖方舱医院突然停电,现场一片漆黑。医护人员立即引导患者在原地活动。现场并没有变得混乱。

护士说:"大家不要着急,先休息一会儿好不好?马上会恢复来电的。"

一位女患者在黑暗中回答:"我们不着急,不会给你们带来麻烦的。辛苦你们了。"

大家还拍着手鼓掌,一起喊道:"武汉加油,中国加油。"

最早治愈出院的一批患者中,有一位感叹说,舍不得离开。一时间,网上充满了质疑。

当更多真实的场景通过病患的手机发出来,人们意识到,在这些"生命之舟"内,真实的氛围是什么样的。

2020年2月29日,一个名叫"吃天大圣"的网友,拍下了方舱医院里的紧急事故——有好几名患者,面带痛苦的表

第三章
武汉啊，武汉

情，被"带"走了。但是，他们不是因为病情恶化。而是因为伙食太好，海鲜嘌呤太高，牛肉虾仁吃着，痛风发作了。有的网友开玩笑，从来没有见过西蓝花炒虾仁里面，虾仁比西蓝花多那么多。

方舱医院里的日常病患伙食特别好，牛奶饮料、水果、盒饭，荤素搭配，非常丰富。

方舱医院变成武汉这座城市被惊涛骇浪拍打的日子里少有的宁静避风港了。国家包了治病的费用，这些患者，再也不用冒着雨雪寒冷，奔波排队求医，他们的心终于安定下来。各地医护尽心尽力，精心呵护，患者也依赖着医护，乖乖听话，医患关系达到了高度的和睦亲密。

还有一家没有开张就直接关闭的方舱医院，最能说明中国的态度。

投入巨大人力物力的"日海方舱"，最终没有启用。但是，国家的方针是，不能让人等病床，而是要病床充足，有备无患。

一切为了人民的生命健康。

把人民的生命健康摆在第一位。

2020年3月10日，这是一个极为重要的时间节点。武汉的方舱医院，全部休舱了。从2月5日开始，方舱医院收治首批患者。经历37个日夜、94支医疗队、8000多名医护人员，

生命摆渡人
Shengmingbaiduren

再加上众多保障人员和志愿者,一起奋战后,12000多位患者渡过难关。

全国网友纷纷表态,祝贺方舱医院"关门大吉"。

武汉的疫情,渐渐缓解,休舱原地待命的医护们也渐渐准备返回。他们开始收拾自己的行李。

接下来,武汉人盼望着的,就是定点医院里的现存患者,全部治愈清零。

2020年3月20日,仍然下沉在社区的陈胜,接回6家医院治愈的患者15人。今日春分,常说"草长莺飞二月天",唯愿"人间四月芳菲尽",你我都能摘下口罩,自由地去爱祖国的每一处山河春秋。

治愈病人越来越多,这恰恰是一座城市即将复苏的前奏。

2020年3月14日,汪勇发了朋友圈:

"40余个日日夜夜,感谢所有驰援武汉的医护人员。今日你们凯旋,顺丰为你们保驾护航。祝你们一路顺风!一切安好!"

2020年3月17日开始,海南、宁夏、江苏、四川等全国的援鄂医疗队,有序分批撤离。

就在3月16日,辽宁援襄医疗队员下夜班。当公交通勤车在路口等红灯的时候,过马路的几位襄阳市民突然停了下

第三章
武汉啊，武汉

来，对着车挥手、比心，还深深地鞠了一躬。

据报道，"疫情期间，湖北襄阳是宁夏的对口支援城市。在慰问辽宁、宁夏援襄医疗队时，襄阳宣布，襄阳市A级景点和25家星级酒店将对援襄医疗队终身免费。每名医护人员每年可带3人，一共4人，襄阳市可为其提供一周的免费住宿"。

武汉人民、湖北人民，挥泪惜别。湖北包括武汉在内的各地市，纷纷承诺，欢迎他们疫情后，每年来我们这里的风景名胜旅游，带着家人一起来。

是湖北人民，是说铭记援助恩情的人民。

在汪勇和他精心"服务"的医护人员之间，更是结下了最深的友情。

华中科技大学附属协和医院的护士郭慧玲回忆，在一开始缺乏餐食的情况下，多方求助。中间因为一点误会，郭慧玲被一位心急的志愿者给骂了。汪勇就特别心痛，也急了，骂了那位志愿者。

最终，汪勇还是心平气和解决了这件事。在郭慧玲心中，汪大哥，是她们无助时刻第一个想到的人。

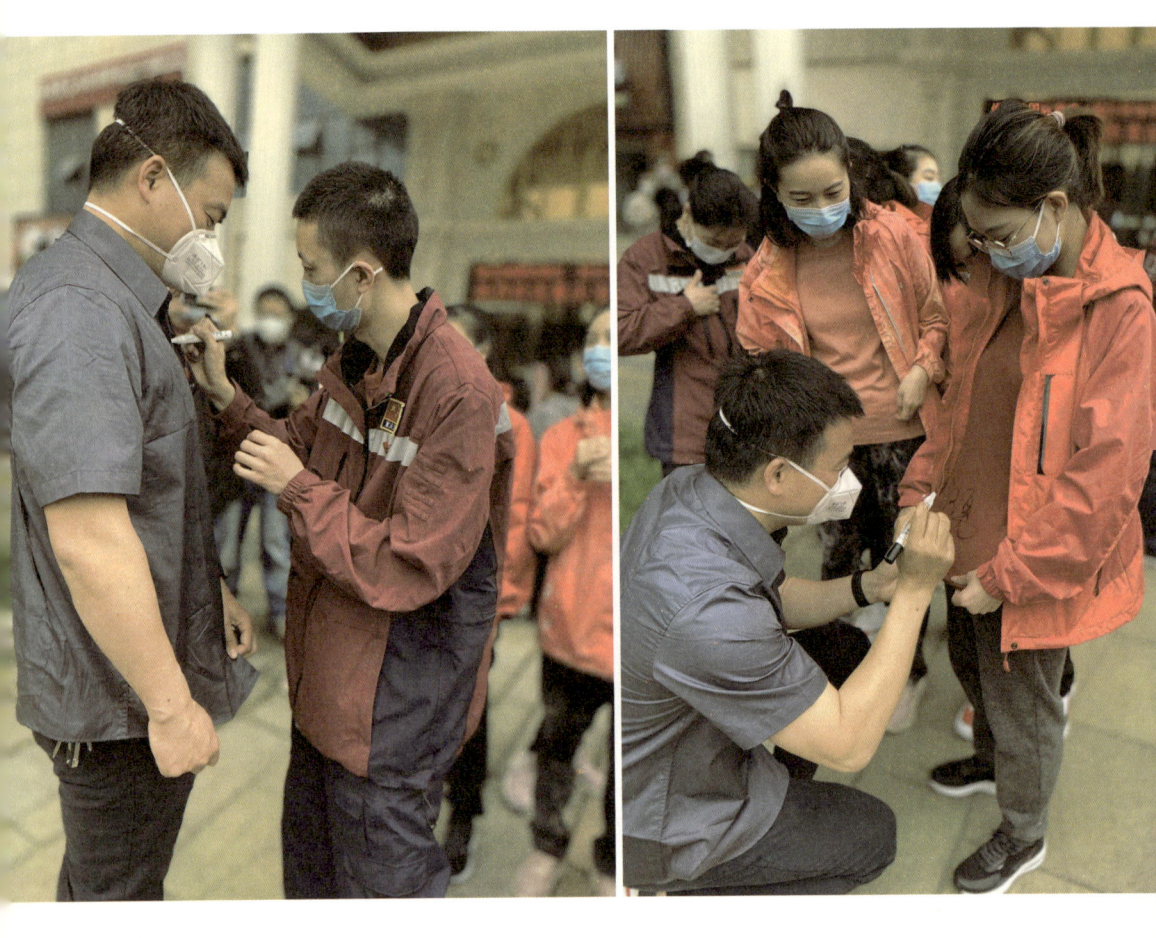

汪勇送别重庆援鄂医疗队员

The fourth chapter

第四章

如风的青少年时代

- 童年的汪勇,是个不让人省心的孩子
- 和妻子会互相迁就
- 温柔的男人
- 第一次感觉到书的力量
- 曾有个亲爱的姐姐
- 对心爱的女儿,他改变了期望

第四章
如风的青少年时代

1. 童年的汪勇，是个不让人省心的孩子

汪勇生于1985年，但是连他自己都搞不清，具体的出生日子是哪一天。

"我妈妈说我是1985年的1月18日出生，但身份证上写的是12月1日，不知道到底以哪个为准，反正他们心很大。说不清楚。"

其实，在江汉平原这一带，很多地方的老一辈人，习惯了记农历。日子记来记去，就弄混了。在农村，很多孩子的出生日期只是记个大概。

生命摆渡人
Shengmingbaiduren

汪勇的父母，以前是农民，在老家种过菜，后来开始卖菜，再后来也卖过鱼。在汪勇的记忆里，小时候最好的日子，就是卖鱼的时候。

湖北人爱吃鱼，做鱼的生意，长盛不衰。

"爸妈那一辈在仙桃和洪湖，我出生也在洪湖。我就是在武汉这片土地上长大的，其实从小每年过年的时候才回去一下老家吧。算是新武汉人。"

汪勇和父亲初来武汉，可以说是什么都没有。汪勇记得：

"他们就带一床棉被来的，靠我爸妈的辛劳打拼，那最后的结果就是有一套房子。"

他们在扎根下来的地方，盖了私人的房子。

"我们以前在这里盖的房子被拆了之后，又重建了。"

随着武汉的日新月异，很多城区进行了改造。旧貌换新颜，有些区域经历多次拆迁，变成了新式的漂亮小区。

汪勇说："前面的都是拆了房子，就还房子，就基本上没有落的钱，都是私房吧。但后来最后一次拆的时候，给了80万块钱，又还了一套房子。这套房子需要我们掏50万元出去，还有30万元的现金嘛。就是这样的情况。

"但是真正房子下来的时候，发现好小，只有56平方米。"

这时，汪勇的妈妈在一旁补充了一句："有70（平方米）。"

第四章
如风的青少年时代

汪勇就笑了,纠正说:"证上面积是 70 多平方米,但是实际面积 56—58 平方米,没有那么大,小得可怜。"

家里的环境这个样子,汪勇的爸爸脾气不是很好。

"经常扯皮,经常打架。"谈起父亲,汪勇略带无奈。

"小时候的经历不怎么好,过得也挺惨淡的,特别是我,也比较调皮。当时我们处于在武汉这个村子的环境中呢。"

那个时候的小汪勇,和附近邻居的小朋友,常常打架。

因为家里条件比较差,生活的地方,属于武汉的城中村。汪勇回忆起来,他经常被老师请家长。

最后,其他孩子的家长找到了他家,等待幼年汪勇的,必然是一顿痛打。

"我爸的情绪啊,各方面都不是很好。他的教育观念就是打,所以我们小时候,村里面说的就是,你家里如果遇到了强盗小偷过来了是什么样的打法,我爸就是什么样的打法。

"小时候不懂,长大了就知道,其实以我当时那个状态,因为当时做的那些事情,如果不把我打回来的话,我可能按照武汉的话说,就是丢了,最起码一些不好的记录是有的。

"那个年代,港剧和电影里的古惑仔呀,《热血传奇》之类的,这些东西都会影响到我们,还好那个时候的我,渐渐长大,已经不那么调皮了。"

生 命 摆 渡 人
Shengmingbaiduren

汪勇的小学和初中，都是在新华下路学校读的。

他的小学老师鲁春华，至今还记得汪勇小时候的样子。

在鲁春华的印象当中，汪勇是一个很腼腆、性格有点内向的孩子：总是低着头，脸上的表情，也不像一般的孩子那样喜怒哀乐明显。

年幼的汪勇总是低着头，也不多看老师。穿着一件白色的短袖衬衣，洗得有些发黄了。剪了一个短头发，头发也有点泛黄。

鲁春华现在已经48岁了，任教于武汉市江汉区的华苑小学，担任四年级的语文教学和班主任工作，也是学校的教研和年级组长。

这个华苑小学，它的前身就是武汉市的新华下路学校。当年武汉市新华下路学校是个九年义务制教育的学校，有中学和小学，后来小学和初中分开了。

1991年，鲁春华师范毕业，分配在新华下路学校，担任一年级的语文教学和班主任工作。作为一个刚刚走上工作岗位的老师，汪勇是她教的第一届学生中的一员。

鲁春华感叹：那个时候的孩子大多数都是放养式的，父母不像现在的父母，在孩子的学习上面花很多时间和精力。很多父母工作比较忙，没有时间管理，有的学生可能父母的文化素

第四章
如风的青少年时代

质也不是很高,对孩子的管教不多,基本上都是靠老师。

而对于汪勇,鲁春华坦言:"比较贪玩啊,脑袋瓜还是可以的,心思不在学习上面,所以他的学习成绩属于中等偏下一点儿,经常会犯错误挨批。他一般不太愿意把自己心里想的是什么,像别的孩子那样说出来。"

一开始,鲁春华老师只是在看电视的时候,特别的感动:

"这个普普通通的快递小哥,他的这种无私奉献的精神,我特别敬佩。我没有把这个电视上的汪勇,跟我曾经教过的学生汪勇给联系起来。小时候他比较害羞,不太善于表现自己。充其量就是有时候做清洁卫生,关心集体,虽然得了一些表扬吧,但是很少。"

当鲁春华老师得知这个快递小哥就是她原来教过的学生汪勇时,她确实有点意外:

"说实话,我除了感动,还非常欣慰。一开始疫情袭击,武汉封城,许多的武汉人肯定和我当时一样,都被这种恐惧、焦虑、无助所笼罩着。我记得那个时候看春节联欢晚会都没有心情,一个节目都没看进去,我想许许多多的人,都可能是这样的心情。"

谈到汪勇的事迹,鲁春华连连赞叹:

"汪勇啊!真的是很了不起呀,特别地让人感动。在这个

生命摆渡人
Shengmingbaiduren

时候,汪勇作为一名武汉市民,作为一个普通的快递小哥,当灾难来临、疫情来临的时候,没有退缩,而是挺身而出逆行而上,用自己细心周到的服务来守护那些白衣天使。"

汪勇至今记忆犹新,初中的时候,他被分到了一个慢班。那个年代,很多学校还在分快慢班。在那个慢班里面,成绩自然都比较差。

在初中同学陈发辉的记忆里,汪勇是个很活泼的人,挺阳光的,个性强,不认输。学习方面很一般,还会逃课,但唯独数学很厉害。

出人意料的是,他高中有次居然在全年级考试里考了个第一名。在这种什么都没认真学的情况下还能考到第一名,这是汪勇至今还记得的青春期光荣事件。初中的时候他的数学也考过90多分的好成绩。

结果,进了慢班之后,一位数学老师看到成绩表很意外:"有个数学考了90多分的跑这里来了,怎么回事啊?"

那时候的汪勇就说:"您看下其他科,我偏科比较严重。"

老师一看,果然,他就是数理化稍强点。

留在汪勇记忆里的,是那位数学老师当年的惊讶表情。

因为在数学上的天赋,从小时候,数学老师就特别喜欢汪勇。

第四章
如风的青少年时代

汪勇提到的这位数学老师，就是姚方。

姚方老师从事初中的数学教学长达34年，现在已经退休了。从1992年到2015年，她一直在武汉市江汉区新华下路中学任教。

而汪勇，从1998年入学，到2000年毕业，在新华下路中学读初中。

姚方老师的印象中，汪勇在学校的时候，"个子不是很大。有点小调皮。热情活泼，思维比较活跃，数学成绩不错。他和同学的关系融洽"。

至于语文和英语，用汪勇自己的话来说，那就是烂得不知道到什么地步。

"我对数学特别感兴趣，属于那种花很少的精力可以学得很不错的那种。"

汪勇这么评价自己的功课。

姚老师也夸奖小汪勇，说他很聪明，就是需要把心思放在学习上。

一眨眼，整整20年过去了，姚方老师这次是从新闻里看到汪勇的消息的。从《人民日报》到中央电视台《面对面》栏目，关于汪勇的报道，被很多人看到。

姚方老师说道："我被他的事迹所感动。但确实没有想到

生命摆渡人
Shengmingbaiduren

他是我的学生。毕竟过去 20 年了,从小男生成长为男子汉了。当得知他是我的学生的时候,真为他感到骄傲。"

多年前,姚老师对汪勇的鼓励,让汪勇难以忘怀。

姚老师还对汪勇送上祝福:

"汪勇,老师希望你好好生活,关爱家人,认真踏实工作,不断努力实现人生价值。"

到了高中,汪勇是在汉口的台北路一个职业高中就读。这个学校也是可以参加高考的。

汪勇的大学,是在武汉工交职业学院,现在名叫软件职业学院。一进校就有一场全年级考试,当时汪勇什么都没学,只顾着玩电脑。

这所学校属于高职性质,位于武汉的光谷。

遗憾的是,年少懵懂的汪勇,心思被游戏和玩电脑占据了。严重偏科也导致他放弃了学业上的努力。

说起在学校的时光,汪勇却觉得:

"没有什么好的回忆,我在学校里因为家庭的原因没什么钱,也挺自卑的,会被别人打。因为块头比较小,当时还会被别人吃黑呀。"

他给自己的青春期做了个总结:

"从小调皮捣蛋,你能想象到的那种调皮捣蛋,在我爸爸

第四章
如风的青少年时代

疯狂打我之前,我是从小怎么不省心怎么来吧,家里环境太差了。"

汪勇的老同学陈发辉还记得,几年前,他们当时同学聚会,半夜的时候,还一起吃夜宵。正好路过华南海鲜市场,差不多11月,正是吃螃蟹的时候,他们一起去买来吃。

再后来,有了孩子,生活和房贷压力大,就聚得少了,但是彼此的感情还是很深。

陈发辉也是在看腾讯新闻的时候发现的汪勇。

他又看到电视里,那个戴着口罩穿着防护服的人,名字和同学的一模一样,心想:

"不会这么巧吧?我的同学也叫汪勇。"

而且新闻里那个人,也是在顺丰工作。

他就给汪勇打电话,结果,那就是汪勇。

陈发辉大吃一惊,又特别为他骄傲。

"疫情这么严重,谁愿意出来做事?没想到他这么勇敢,做了这么大的贡献,有点出乎意料。做这个事,确实需要勇气。"

汪勇接到老同学的电话,也告诉他,一开始只是想着出去帮点忙,后来就一直做下来了,越做越大。

对于汪勇这个老同学,陈发辉特别感慨:

生 命 摆 渡 人
Shengmingbaiduren

"学生时代活泼好动,现在的他很有责任心。既然汪勇这样起步了,就这样坚持下去。希望他继续做好公益,把家庭也兼顾好。希望他在人生路上,越走越好。"

第四章
如风的青少年时代

汪勇初中毕业照

2. 和妻子会互相迁就

与妻子彭梦霞是通过相亲认识的。汪勇因为感情问题,有过一段人生灰暗的时刻,妈妈很担心他,觉得他这个人完全自暴自弃,一副看不到希望的样子。

于是,汪勇的妈妈就通过她认识的朋友帮汪勇介绍对象。

就这样,汪勇通过相亲,遇到了彭梦霞。

汪勇还记得,谈恋爱的时候,"有一次就我坐出租车送她回家,送到她家楼下。当时其实她可能很开心很开心的那种,我上车之后准备回去嘛,她就跟的士师傅说,您一定开慢一点

第四章
如风的青少年时代

啊,要保证他的安全啊"。

那一刻,汪勇感觉,这个女孩很善良。

"每个人看重的方向不一样。我觉得这一点是最打动我的,所以后来就选择在一起了。"

而在彭梦霞的记忆里,"当初第一次见面时,我觉得两个人都有点尴尬吧,就觉得都有一点点不好意思"。

他们的初次约会,就简单喝了一个下午茶,到餐厅里面点了点儿东西吃,聊了一会儿天,然后各自回家了。彭梦霞并没有想到,还会有进一步的发展。

过了好几天,汪勇主动跟彭梦霞联系,说有一部电影上映了,感觉还不错,就问她想不想去看。

彭梦霞答应了,跟汪勇又见面了。这一次,他们聊聊电影,聊聊人生,彭梦霞发现:

"我和他还是有很多志趣相投的地方,第二次见面的时候,我感觉到这个人特别幽默,会让我很开心。

"那种感觉,很难得的吧,我很喜欢有幽默感的人,这样会让生活各个方面都变得很轻松。"

彭梦霞谈吐特别活泼,特别坦诚,这一点和汪勇很像。她说:

"我是1987年的,今年8月份就满33岁啦。"

生命摆渡人
Shengmingbaiduren

她以前的工作,是在比亚迪汽车的一个销售部门担任售后顾问。也就是别人的车子进来了,需要修理,她就跟客户做好记录,递交到车间去。

这份工作彭梦霞做得比较久,差不多有三年时间。最近的一个职业是在顺丰速运湖北公司的客户部,做专项客服。"专门针对大客户的寄件、收件要求做对接。"

在跟汪勇恋爱过程中,彭梦霞一直都感觉,没有什么特别轰轰烈烈的事情,就感觉特别珍惜两个人在一起的机会。

工作之外的时间,他们会相约看看电影,逛一下街,晒晒太阳聊下天。不过,彭梦霞和汪勇都很爱看电影。

"我们看电影真的是看了很多,经常在一起看各种各样的电影,然后就出去转一下,去江滩,或者是逛一下夜市。"

那时的汪勇,还是二十七八岁,汪勇说:

"我们在一起的过程,有过很多很多的争吵。甚至考虑到离婚,因为大家都是有点情绪、有点脾气的人。慢慢地,有了孩子之后,就会互相迁就,到现在还蛮稳定的。"

彭梦霞也坦然地说:"我们俩的性格还挺冲的,都属于那种得理不饶人的。我们俩平时的相处,小的摩擦吵架会比较多。"

不过,慢慢地,两个人在一起,生活中互相扶持,互相理

第四章
如风的青少年时代

解包容，彭梦霞觉得汪勇改变了许多：

"走到今天，他真的让我感觉，两个人都在互相改变，他的脾气没有以前那么暴躁了，更冷静了。"

彭梦霞发现，特别是在孩子出生之后，汪勇的变化更大了，整个人柔和了很多。

说起年幼的女儿，汪勇的父爱满得要溢出来。他说女儿跟他特别亲：

"看到我的时候，很喜欢我，很想我陪她玩。我回来的话，基本上都是我陪她玩。"

女儿不怎么喜欢和妈妈、爷爷奶奶玩。汪勇解释：

"因为她想玩的一些东西，就是我从小陪她玩的。我买的一些东西，她都比较好奇。像有些小游戏，他们也玩不了。比如说坐头上啊，随着她体重的增加，家里其他人根本就承担不了。"

平时放假了，汪勇也比较少跟孩子和家人出去旅游。这还是因为钱，家里的经济条件一直不怎么样，背着很大的压力。

"就是在搏生活，我们是那种工薪阶层，每个月没有结余。"

他们每年很少庆祝生日，在汪勇记忆当中，"最多也就是老婆会给我准备一个蛋糕"。

生命摆渡人
Shengmingbaiduren

在衣食住行和家庭开支方面,家里比较紧张。日子虽然过得平淡,但让彭梦霞最为刻骨铭心的是:

"自始至终,他那种责任和担当,真的是一直都没变。他就是特别有责任担当的一个人。"

第四章
如风的青少年时代

汪勇与女儿

3. 温柔的男人

他们的宝宝，对这个小家庭来说，是得来不易的爱的礼物。

往日种种，彭梦霞都记得一清二楚："在我们人生当中，现在回想起来，遇到最大的困难，就是要宝宝这个事。"

当时他们要孩子很不顺利。婚后彭梦霞一直没怀上宝宝，也去医院做了各种检查，甚至还尝试过试管婴儿。

第一次失败了。

试管的过程是很痛苦的。对彭梦霞来说，感觉内心很安慰

第四章
如风的青少年时代

的是，汪勇一直在旁边陪她，鼓励她。

彭梦霞记得："汪勇跟我说，算了吧。做过第一次试管之后，只剩下一个胚胎，他就说不管这个成不成功，我们干脆就休息。休息好了，我们继续加油。"

汪勇一直鼓励妻子，一直紧张痛苦的彭梦霞终于放松下来。

好在，命运眷顾善良的人，这对小夫妻，等到了惊喜。

"我们都放松了，就觉得，哎呀，无所谓了，要不要孩子真的无所谓。这个时候，我们家现在的这个宝宝，自然而然地就怀上了，挺奇妙的。"

彭梦霞现在回想起走过的弯路，"最痛苦的时刻，最难的时候，我们俩一起熬过来了，觉得以后就没有什么特别难熬的事情了"。

前前后后，夫妻俩也经历了大概两年时间，才有了现在的宝宝。

怀上这个宝宝，他们全家人都特别开心。

然而，怀孕初期，彭梦霞发现，她有点先兆流产的迹象，只得在家保胎了一段时间。

对于丈夫的好，彭梦霞感念于心："保胎的过程中，他也没有说不耐烦什么的，一直都是很细心地照顾我，帮我把饭端

生命摆渡人
Shengmingbaiduren

到面前吃，平时洗脸呀、洗手啊，各种生活细节方面，他都做得特别特别好。"

渐渐地，孕期情况稳定了。彭梦霞印象最深的就是，她的孕吐反应很严重，还住了两次院。

这个过程，彭梦霞说："都是他一直陪着我，照顾我，当时吐得特别厉害，还打营养针。还有我的婆婆，我特别感谢的是，他的家人和他，一直都以那种很积极很正能量的方式鼓励我。哪怕我们当时的经济并不是特别宽裕，他也会尽他所能，拿一些好东西给我吃，让我和孩子有营养。"

他们预备要顺产，汪勇喜欢打篮球，每天早上6点起来就把妻子叫起来，两个人一起出去散步。

彭梦霞说："就让我尽量动一下，他也陪着我。比如说他打篮球，我就在旁边走来走去，或者他陪着我一起散步。"

孩子出生之后，照顾孩子洗澡什么的，都是他和他的妈妈一起在做。彭梦霞都不敢碰孩子：

"那个时候孩子太小了，我真的都不敢碰，因为坐月子的时候基本上我都没有沾过水。"

怎么带孩子啊，怎么喂奶，怎么洗婴儿的衣服，怎么给孩子洗澡，都是汪勇教给彭梦霞的。

"他去学习了，然后再教给我，他在这方面特别尽责，他

第四章
如风的青少年时代

对孩子非常非常细致,细致到各个方面,而且特别有耐心。"

而一直忙碌救援、没有太多时间陪伴妻子的汪勇,在疫情缓解后的 3 月 18 日,还答应了妻子的一个小小要求。

那天晚上 12 点不到,他回房休息。睡前问妻子彭梦霞:"疫情结束后有没有特别想做的?"

彭梦霞说:"想去见王一博,想跟王一博握握手,然后合个影。"

汪勇回答:"没问题,尽力给你办到!"

彭梦霞喜出望外,又发了一条朋友圈:"哇,对明星完全无感的他,居然帮我追星,哈哈哈哈,老公力 MAX。"

这一刻,是他们小夫妻甜蜜的时刻,说说私房话,聊点个人的喜好。

汪勇一家三口

[181]

生命摆渡人
Shengmingbaiduren

4. 第一次感觉到书的力量

汪勇曾算过,他的收入在武汉属于什么水平。

"把我的时间全部消耗在工作上的话,收入应该还行,月工资有8000多元,好点能到9000块钱。我自己在外面还跑滴滴,也可以跑个四五千块钱吧,加起来,就有13000元。再加上家里有个房子出租,合起来,有一万五六。"

汪勇对自己过去的日子考虑不多:"我只在乎时间,说实话,我知道我没有时间,其实我很想有时间去打球,有时间去跟朋友一起聊聊天,有时间就陪孩子。"

第四章
如风的青少年时代

"但是这个日子追上你的时候,你没办法。就只能为了房贷啊,车贷啊,日子开销啊,去忙碌。想去干的事情,没有时间去感受。"

大部分武汉人的早餐都是在外面的早点店解决。武汉是个早点极为丰富的城市,热干面、三鲜豆皮、糯米鸡、汤包等,东西南北,口味荟萃。

汪勇却过得很朴素。

"其实我很希望能在家里吃,就煮白水面条,我吃东西不放那么多其他作料,只吃油和盐。没时间的时候,我只能在外面吃,就吃个热干面。我对吃的没什么概念。"

他原本是抽烟的,在小学里,他就被逼着学会了抽烟。他遭遇过校园暴力,"别人打你之后,要你带烟"。很小的年纪,他就有烟瘾了。

一直到2013年,在他人生最灰暗的时候,有一个打篮球的朋友跟他说,其实烟可以戒的。那个朋友还借了一本书给汪勇看,叫《这本书能帮你戒烟》。在朋友的推荐之下,汪勇怀着好奇,真的把书看完了。

很神奇的是,他成功戒掉了烟瘾。

以前,他尝试戒烟很多次,中途找过各种方法。

"可能我找的方法是对的吧,而且是出现在了对的时候,

生命摆渡人
Shengmingbaiduren

就是我当时处于人生低谷。"汪勇觉得，是很多原因集中在一起，所以能成功戒烟。

像别的"80后"一样，他也会看美剧，比如说《越狱》之类的。

他也看电影，尤其喜欢逻辑性强的。

那些搞笑的、恐怖的电影，他看得特别少。

他还喜欢打手机游戏和电脑游戏，爱玩《英雄联盟》。在人生最黑暗的时候，他不停地把自己砸到游戏里面，靠游戏来让自己麻木，沉醉其中，不想出来。

"我比较关注的，就是那些正派的明星演员，像古天乐、刘德华。关注一下新闻，现在时不时瞄一下韩红。"

韩红在这次疫情里做得很棒，所以汪勇特意关注到了她。

"我老婆基本上很少煮菜，都是我妈妈做菜。其实我吃的菜都很清淡啊，他们吃的话菜味道就大一点，所以吃的方面，我都是喜欢自己做。"

谈到妈妈做的菜，汪勇小时候的印象很深，哪怕是简简单单的炒豆芽、炒土豆，他也觉得蛮好吃的。

"还有番茄炒鸡蛋，吃得最多的是番茄炒鸡蛋吧。平时很少会自己做饭，没时间，我自己真想做，而且很喜欢做饭。"

平时忙完工作，有空的时候，汪勇也会吃吃夜宵，也就是撸串，吃点路边的烧烤，喝点啤酒。

"就是最底层的消费，再高一点消费不起。"

他的生活，就是大多数老百姓的生活。背负着很高的房贷，所以非常勤俭节约。

有时间的情况下他会看一点书，比如《人性的弱点》。

"看书看得特别少。我在学校里就不怎么看书，都是混日子。毕业出来之后，也没怎么看书，真正看书就是从戒烟开始。在读完那本戒烟的书之后，我就发现，其实书很有力量。"

"一本书，能让我人生中那么多年没有戒的烟，戒得那么彻底。"

这让汪勇觉得很不可思议。

"没有一点杂念想过自己以后还会抽烟，知道自己绝对不会再碰它，因为它能很系统化地让你认识这个，教你怎么脱离这个，而且脱离之后不想回去。"

从那次以后，汪勇开始想看其他的书。

"但很可惜的是，我的时间真的很少，因为要花时间挣钱，要扛起家里所有的责任。"

他没有时间读太多书。

"我很少看杂志，我以前做电脑的时候，就看《电脑报》，

生命摆渡人
Shengmingbaiduren

每期都看,因为我对数码这方面特别感兴趣,喜欢买电子产品。我现在经济压力蛮大的,但我还是喜欢苹果的手表和手机,基本上还是一年两年换一下。我对科技很感兴趣。包括我的车,那个是新能源电动车。你要我买个机械的,现在买个烧油的车,估计我不会想买。"

除了对科技方面的信息比较看重,汪勇平时看得最多的,是人民日报公众号,另外就是他自己工作方面的,快递物流这一类。

至于时下流行的网络小说,他是不看的。他只喜欢对他有启发的文章,尤其人民日报公众号上的《夜读》。

只要有时间的话,他就会看。

"以前早上有时间,我出去跑步的时候,会把当天的新闻和前一天的《夜读》,都自己朗诵一下,它们对我的启发很大。"

人民日报公众号,在每天推送的早晨新闻最下面,还有一段温暖励志的话。汪勇觉得那些话都写得特别有意义。

可见,在汪勇的内心世界里,他仍然追求着美好的东西,信守着朴素的人生哲理。

当我问到他如何评价自己时,汪勇思考了一下:"我觉得个人的沟通能力、协调能力、统筹能力比较强,我这次出来之

第四章
如风的青少年时代

前也考虑过,可以做哪些事情,有一定的方向。对事情,有些地方看得比较透彻,可能不是条件反射的问题。我看到的问题,包括特别大的事情,我看得比较深。"

生 命 摆 渡 人
Shengmingbaiduren

5. 曾有个亲爱的姐姐

虽然全家人已经扎根武汉很多年,有趣的是,汪勇自己一次都没去过黄鹤楼。亲戚朋友来武汉,他也只带他们去过江汉路,在江汉关大楼那边玩。

作为武汉人,汪勇毫不犹豫地认为:"武汉最美的地方,就是东湖。"

他还强调了一遍:东湖最美。

在汪勇过去的人生里,还比较有钱有闲的时候,他常常骑着摩托车,去东湖玩。

第四章
如风的青少年时代

"对武汉这个城市,我这么跟你说,按照疫情解释,我们是武汉人,武汉就是我的家,这些外来援汉团队,就是过来帮忙的客人。我们应该做一些什么,尽地主之谊。

"我们这些人,就是为了这些援汉团队,一直做到现在,我就是这种思想,我们是武汉人,应该为来武汉救命的这些人做一点什么。

"说实话,我的前半生,嗯,不能说半生,小半生,过得跟大部分人一样,就是被这个时代带动的一样。家里人忙碌地去挣钱供你上学啊,你就在学校里面浑浑噩噩地过呀,之后按部就班地结婚。按部就班地被网络游戏和网络迷住,很有一段时间的迷失。"

有一段时间,汪勇的收入还比较高,他感觉自己很成功,"飘得不得了,之后经历了一段时间的人生灰暗期,又一步一步地爬出来。不能说自己过得怎么样吧,但最起码,把这个家庭的责任承担起来了"。

从小走过来,还有件事情,汪勇很少向人提及。

"我家里还有一个姐姐,在很小的时候,走掉了。"

这是汪勇埋藏在心里的另外一段悲伤。

"由于家里环境问题,她小时候发烧,持续高烧,没有钱去治疗,导致她智力方面发育得不是很好。

生 命 摆 渡 人

Shengmingbaiduren

"在我上初中的时候,她觉得家里压力太大了,她想去工作,家里供两个人读书,供不起。她要去外面打工挣钱,供我读书。

"她其实没有那个能力,因为她智力方面的问题。她就去了云梦。她信基督教,云梦那边据说有个教堂。她下火车之后,在火车铁道上面走。那是在晚上,火车看不到,就把她撞了。我姐姐就没了。

"其实从那个时候开始,我爸爸才有所改变,以前他可能心情不好就会打我。那个事情对他打击也挺大的。当然对我们整个家庭的打击都挺大的,包括我。"

说起汪勇的姐姐,鲁春华老师的印象特别深刻:

"他姐姐对他不错,总是在放学的时候守在门口。一边接汪勇,一边帮汪勇拿书包,还一边数落他的表现。因为汪勇小的时候比较顽皮呀,经常犯错。"

那时候,会有同学找汪勇的姐姐告状。

挨姐姐的数落,汪勇也不去据理力争,也不反驳,反正就低着头走。

失去了亲爱的姐姐,对这个家庭造成了巨大的创伤,除了父亲,汪勇自己也改变了。

就这样,汪勇从不省心的懵懂少年,长大了,经历更多人生的悲欢离合,走向成熟。

第四章
如风的青少年时代

6. 对心爱的女儿，他改变了期望

在妻子彭梦霞眼里，汪勇是个一点都不浪漫的人。

"他就没有一点点浪漫的细胞。就真的不浪漫。"

但是，他们的小日子，还是有很多的甜蜜细节。

彭梦霞说道："我们两个人其实还挺肉麻的，每天起来了，问候早安，然后我会亲他。他上班去了，我上班去了，也会有 kiss。回家来了，又 kiss。"

喜欢数码电子产品的汪勇，时不时买个家用小电器回来。彭梦霞记得，有一次，汪勇买了个扫地机器人回来。她很开心。

生命摆渡人
Shengmingbaiduren

"他帮我分担一些家务,他会做菜,当然他做饭做得不多,但是他也会做。会拖地,会研究厨房哪个地方挂一些东西,我会方便。看电饭煲或者买一个什么样的锅更好,会让我炒菜。就是有这样的行为,会让我觉得,他挺靠谱的。"

他们之间,没有很特别很极致的浪漫,但平平淡淡中,有着真实的小幸福。两个人也会经常表达自己心中的一些想法,沟通比较及时。有什么问题,商量着解决。

"我们俩互相说,我爱你呀;跟孩子说,妈妈爱你呀;他也会跟孩子讲,爸爸爱妈妈。我们啊,不那么含蓄。在我们的爸妈面前,我们不喊名字,就是叫老公老婆。"

这个小家庭,总是充满着温馨,充满着爱。

谈到希望将来女儿从事什么职业,汪勇一开始是希望她学医。

汪勇最初的想法很简单:"可以很好地保护自己,而且她会知道怎么样对自己好。"

经过这次疫情,近距离跟这么多医护人员打交道以后,对自己心爱的女儿,汪勇的期望改变了。

"我看到医护人员的那种无助绝望,我就说,孩子啊,你以后干什么都不要学医啊。"

但后来,这些医护人员的坚韧和付出,还有他们表现出来

第四章
如风的青少年时代

的那种最后的乐观,真的让汪勇刮目相看。

有很多护士都是"90后",看上去只是一个小女孩,却出生入死,勇往直前。

"她们能量太大了。"汪勇感慨地说。

汪勇对女儿的期望,也因此又一次改变了:

"我家孩子以后要学医,我一定支持。我也希望她往这方面靠吧,虽然这方面很苦,学医本身的时间较长,再者,她可能在将来的工作中会有风险。但我以后不会干涉她什么事情,不会干涉她怎么选职业,即使涉及生命安全或者怎么样的,也不会干涉她。只要她愿意,只要她认为这个东西有意义,我都会支持她。"

汪勇说到女儿的名字:

"我帮她起的名字叫汪乐怡。我希望她快乐。希望她性格不那么张扬,就怡人一点,这是我对她的期望。

"健康快乐吧,性格不要张扬,希望她以后的人生没什么坎坷,希望她能真正找到自己想要的人,做自己想做的事就够了,其他的都是次要的,人生真的就是这样的。"

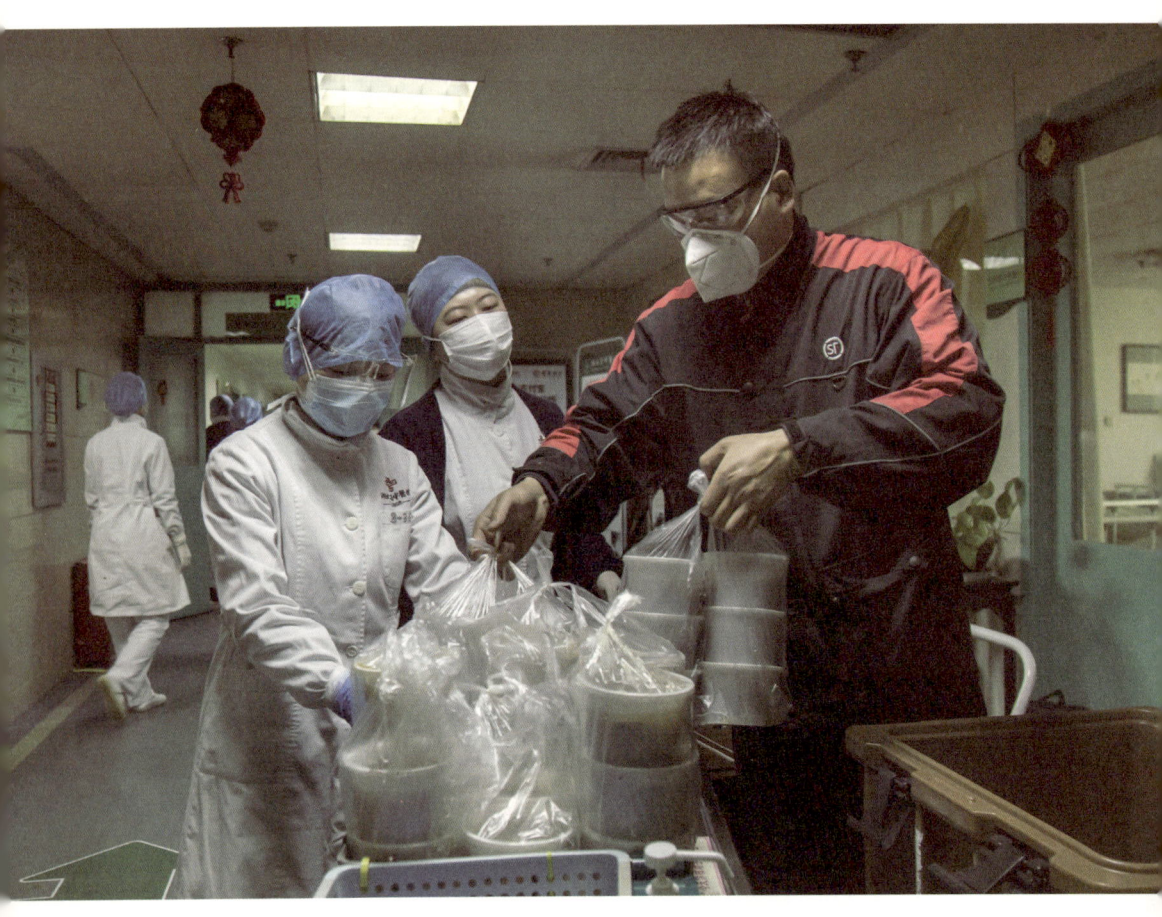

为湖北省中医院 50 位住院老人（非发热病区）送土鸡汤

The fifth chapter

第五章

在顺丰成长的日子

- "人飘了"
- 当上顺丰小哥
- 热心快肠,能帮就帮
- "最美快递员"汪勇火线入党
- 关于未来,他想一直把公益做下去

第五章
在顺丰成长的日子

1. "人飘了"

在成为一名顺丰快递职员以前,汪勇还做过其他一些工作。

在他的发小饶连安的记忆中,汪勇一直是个人品不错、年轻有冲劲的人。他们从 8 岁认识,一直到读完高中,两个人还结伴去深圳闯荡过。

结果,当时太年轻,他们在深圳待不下去,又回家了。

再后来,读完大学,汪勇去开了店。

汪勇做得最风生水起的时候,自己开了个维修电脑的

生命摆渡人

店子。

他在报纸上面打像小豆腐块似的广告。以前报纸还很流行,武汉地区曾经有畅销几十万上百万的晨报、晚报、都市报。很多市民坐公交车都习惯买一份报纸看。

做那种小广告的价格不菲,但是可以给汪勇的电脑维修店带来很大的业务量。

"那个时候也是白手起家的,前面在别人那里打工,后来就把别人的店给盘下来了,生意还可以,那个时候,最高一个月能挣两三万块钱。"

这样的收入,在当时的武汉,属于挺高的水平。

汪勇说:"结果后来人就'飘'了。就是想着吃喝玩乐,到处去打牌吃夜宵,每天就回去睡个觉,四五个小时吧,大部分时间都在外面玩。"

再后来,甚至连工作方面的事情,汪勇基本上都是丢给店里面招的那些人,也就是出去跑业务的维修师傅。

他自己都不出去跑了,只想着事情都安排完了,他们出去跑就行了。

"反正我可以分到一半的钱,除了摊位费,我一个月可以挣1万多块,已经很牛了,别人当公务员一个月是拿多少钱?两千块钱。我拿多少?两万块。大概2013年那个时间段吧。

第五章
在顺丰成长的日子

当时觉得自己很牛,已经膨胀到不行了,认为90%的武汉人都没有我强。"

忆起这些往事,汪勇自嘲起来:"井底之蛙啊,井底之蛙。"

后来因为网络时代报纸衰败的原因,广告带来的客流量就少了。

最重要的一个原因,是汪勇的客源也流失了。

"我的客源让维修师傅拿走了。我如果不出去维系的话,客源很难留下来,要么维修师傅自己揽入怀中了,要么那个客户没能留下来。再就是报纸的落寞。智能手机兴起了,很多人都是看看新闻,直接从手机上看,没有必要买报纸了。

"以前坐公交车,都会换个零钱买个报纸。原来那个时候是月票嘛。蛮多人有武汉通了,就不换零钱买报纸了。"

在21世纪初期,武汉公交车是投币箱收费。后来启用了储值电子卡武汉通,刷卡乘坐公交车。

汪勇说:"报纸慢慢地退出历史舞台之后,我的广告渠道没有了,就没有客户源了。所以,我突然就从很高的地方摔下来,没有收入了。"

事业下滑,这对汪勇的打击也很大。

"人生想做的工作,就是挣钱,因为家里穷嘛,就穷怕了的那种感觉。我以后要挣钱,从小就这么想的。对于做什么工

生命摆渡人

作，有什么理想，我没概念，也没有哪个人能给我很大的指导和疏导。就是说，没有人跟我立一个目标，你要做什么职业啊！我爸妈都只顾着去挣钱，没时间理我的。"

这个时候的汪勇28岁了，躺在人生低谷，不知道何去何从。

第五章
在顺丰成长的日子

2. 当上顺丰小哥

进顺丰之前，汪勇默默度过了那一段很灰暗的时光。婚姻结束，生意也不行了，他非常怀疑自己，到底还能干吗呀？

"我甚至想过去当保安。很巧合的，当时想我也可以去送快递啊，快递也简单的，我应该干得来。"

就这样，汪勇入职了顺丰快递公司。一去上班，他一头扎进去，每天埋头苦干。别人早上7点多钟来，他6点多钟就到了。

汪勇所在营业网点的要求是，每个星期下一次货。

生命摆渡人
Shengmingbaiduren

"我最开始去的时候,就每天去下,早上也下晚上也下,去上货。"

汪勇每天基本上最早来最晚走,那个时候的他,就想着,"我要快点融入这个团体,免得被别人排外,当时就是一种保护心理,就让我这么做"。

别人开始也就看热闹,汪勇你这个人怎么这样搞啊?你好积极呀。

很多看热闹的人,发现汪勇不是开头三天劲,而是天天这么搞,陆续搞了一个月。

后来有个老师傅说:"哎,小汪,可以了,你别这么搞了,他们每天自己搞又搞不过来,没必要帮忙。"

汪勇觉得,这可能跟自己的性格有关,跟每个人打交道,他都没有什么坏心眼的,"我不会想着背后搞别人",他没有这种心态。

他还是抱着正面的想法:"我能帮到,我就帮一点,我又不在乎其他的东西,像是什么力气啊,时间啊,还有各种其他的,我也不在乎。能帮你就帮一点,没多大事。"

为人处世上,汪勇就保持了这样的热心和大大咧咧、粗线条。

"在顺丰的收获,我感觉,是让我在最低潮的时候,能找

第五章
在顺丰成长的日子

到一个位置踏踏实实地出体力,让我的脑袋里面不乱想。之后就一步一步地从那个泥潭里面走出来。很庆幸我能进顺丰这样的企业。"

有一位网友在汪勇的事迹下留言:为什么在这次疫情里很多单位、行业的人都是蒙的状态,你却立刻开始去做些什么?

我把这个问题转给了汪勇。

汪勇直言:"不了解,我没有了解其他人。我考虑我所看到的东西,很多人没看到,所以那些求助信息没有人接。这些东西很直观的嘛,对吧?那么我能干吗?我可以开车送他们。

"最后权衡利弊,干不干?干。那就出去啊,哪有那么多考虑啊!特别是这么紧急的时候,你不停地犹豫,不停地徘徊,就干不成事。还是因为我的个人性格吧。"

最初进入公司,汪勇也和其他同事一样,接受过培训。

"从开始进来的时候,包括价值观的培训,技能方面的培训,师傅带你多长时间,还有业务方面、企业管理方面都有。后来我做了那个点部主管,又有一个系统的培训,就是管理方面的,特别是企业文化方面的多一些。其实我就是了解一个大概。"

后来拓展到经营"丰e足食"无人货架,汪勇开始主动地了解公司,毕竟人在这里上班。

生命摆渡人
Shengmingbaiduren

"很敬佩这个企业，低调、务实。"汪勇特别提到了那起轰动全国的新闻。

2016年4月17日，一段"快递小哥被扇耳光"的视频出现在网络上，北京市东城区某个小区里，一名骑着三轮送货车的顺丰快递员，在派送过程中，与一辆黑色小轿车发生剐蹭。小轿车司机下车以后，打了快递小哥多个耳光，还破口大骂，引发了关于快递员的"尊严问题"热议。当时，顺丰老总王卫在朋友圈表态："如果这事不追究到底，我不再配做顺丰总裁！"

顺丰公司北京分公司对那名员工做了安抚工作，并报了警。最后打人者因涉嫌寻衅滋事，被依法行政拘留10天。2016年5月，顺丰公司在深圳上市，当时王卫敲钟，旁边就站着一个穿着工作服的快递员，也就是被打的那位快递小哥。

汪勇提到的，就是这样一件事。

"这就是为什么后来很多人找我做事，问我，有没有兴趣来我公司上班？我都没有兴趣。我在顺丰就做一线，我觉得都可以。做经理也行，我没考虑过要换工作，我对目前的待遇各方面，很满意。"

第五章
在顺丰成长的日子

中国共产党武汉市委员会

感 谢 信

顺丰速运有限公司：

衷心感谢贵公司对武汉疫情防控工作的大力支持和援助！

自新冠肺炎疫情发生以来，我市上下坚决贯彻习近平总书记关于疫情防控工作的重要讲话和重要指示批示精神，认真落实党中央、国务院决策部署，把人民群众生命安全和身体健康放在第一位，全力以赴做好疫情防控各项工作。

在武汉抗击疫情最紧要的关头，在武汉人民最急需帮助的时刻，贵公司挺身而出、迎难而上，主动承担急难险重任务，全力支持武汉疫情防控工作，为我市运输防疫物资88235批次、2607吨，减免运费1272.85万元，并将为我市1000位特殊老人提供为期一年的生活关爱包，用实际行动展现了深厚的家国情怀和同舟共济、守望相助的社会责任担当，为武汉疫情防控工作作出了积极贡献。

当前，武汉疫情防控取得阶段性重要成效，经济社会秩序加快恢复。我们坚信，有习近平总书记的亲切关怀，有党中央、国务院的坚强领导和中央指导组的精心指导，有湖北省委、省政府的周密部署，有包括贵公司在内的社会各界的鼎力支持，有全市人民的共同努力，武汉一定能够夺取疫情防控和经济社会发展双胜利。希望贵公司一如既往地支持武汉发展，为武汉建设国家中心城市提供更大支持。我们将竭诚为贵公司在汉发展提供最优服务、创造最佳环境。

祝愿贵公司事业蒸蒸日上、基业长青，全体员工工作顺利、幸福安康！

顺丰速运收到一封来自武汉市委市政府的感谢信

3. 热心快肠，能帮就帮

在他帮助了许多许多人之后，3月的某一天，我看到汪勇忽然在朋友圈感叹了一句：希望以后大家对快递小哥能温柔以待。

我从这句话里，感觉到他曾经受过委屈。

一问之下，他说出一段往事：

"我被别人投诉过。是一个晚上，客户非要我去收件。我已经回去了，并且我收了当天是发不出去的，那个时间发不出去，他居然投诉我服务有问题。"

第五章
在顺丰成长的日子

汪勇表示，自己最开始做这个工作的时候就是很认真的，但是做事情就不想要被别人说。

"反正，我是情绪化特别重的一个人。之后他投诉了我。"汪勇愤愤不平地说。

于是，汪勇打电话过去："你们是什么意思？我还没被别人投诉过，明确告诉你们，今天这个东西我收了也发不出去，为什么非要我来收？为什么要投诉我服务问题？"

"被投诉之后，第二天我把他们叨了一顿吧。那是我唯一的投诉。"

"叨"这个字眼是武汉方言，大致的意思是，不高兴，讨个说法，算账。

汪勇这样的个性，特别九头鸟，受不了被冤枉，要求公平公正。

"他们被叨了之后，经理就把那个人的情况告诉我了。其实那个人我也是后来才知道，他第二天自己坐火车送过去了，他的东西必须第二天得到。他直接坐高铁去了重庆。反正那一次我觉得很憋屈。他可能不知道这些规则，就是这个东西，我收了当晚发不出去。第二天发，当天还是到不了。但是不管我怎么跟他解释，很耐心跟他解释，结果他还是把我投诉了，而且他投诉的是服务类问题。"

生命摆渡人
Shengmingbaiduren

说到这件事，汪勇仍然耿耿于怀："被投诉服务类，是很严重的。要停岗七天，七天挣不到钱，还要在网点里帮忙做事。所以服务行业就是这样，搞的时候很伤心，而且很气愤。"

汪勇承认，"我的确是很冲动，跑去那里，我还以为是那个店老板投诉的，因为一直跟他打交道，明明以前打交道很好。后来搞清楚了，就是那个店员投诉了。那天店员人不在店里，不然会更不愉快"。

武汉人的脾气，爱憎分明，讲感情，不愿被欺负。汪勇热诚，也很真实。

妻子彭梦霞还记得："我们家对门住的是一对年纪较大的夫妇。他们搬什么东西上来，他都第一时间去帮人家搬。"

对于汪勇的热心快肠，妻子彭梦霞有时候又很心疼。

彭梦霞说起一件往事：一次汪勇在路上看到一位老人家骑着电动三轮车上坡，老人家特别吃力，汪勇就跑上去帮他推。

结果推到最后，车子倒上去了，可汪勇只顾着用力，那个劲没收回来，车子的后面，一个像刀片一样的东西，把汪勇的手划了。

至今，彭梦霞都心有余悸："整个手掌心全部划开，伤口特别深，翻出来的血肉简直不能看，特别吓人。他还去医院包扎了。中间花了十几天，每天都去换药，还打了破伤风的针。

第五章
在顺丰成长的日子

那是让我印象最深的一次。而那老人也没有跟他说声'谢谢'。"

彭梦霞当时问汪勇,介意不介意别人没感谢他。

汪勇说:"我是帮他,是我自己愿意去帮的。为什么一定要人家说谢谢我呢?一定要来回报?"

彭梦霞也只能算了,"他可能觉得,人家老年人也很不容易。他付出了,不愿意去说我帮了你。他是这样的人"。

汪勇这一次在疫情中,能够得到这么大的一个关注,其实挺让妻子彭梦霞惊讶的。

但是,作为身边人,彭梦霞太了解自己的丈夫了,知道他的个性脾气。也因此,彭梦霞觉得:"他做出这样的事情,去帮助这些医护,去解决他们的难题,去接送他们,其实这个事情我并不感到意外。我就感觉,他是一个会做这样事情的人。"

在工作这方面,我问汪勇:"像我平时快递多,我们小区的顺丰小哥,都知道我是做什么的,有时候冬天还会问我,沈老师穿得太少了,不冷啊?收到什么报纸杂志写的书能给我看看吗?还挺热情的。你呢?也是这样的吗?"

汪勇笑答:"是的,跟客户聊天方面,我觉得吧,聊天能让大家熟悉起来。熟悉起来干什么事情都快一点了,免得每次都搞得像陌生人一样。"

汪勇其实在做事的时候,也是这样的。

生命摆渡人
Shengmingbaiduren

"反正我个人性格比较热心快肠,别人要是遇到什么事情,比如我看到别人搬不动东西,不管他什么职位、什么岗位,我帮别人搬一下,我才走。所以大部分客户对我还比较客气。他们看得出来,我这个人是什么样的一个人。"

有意思的是,在一起合作过的志愿者向梦娟眼里,却有着不一样的评价,汪勇仿佛换了一个人,呈现出严肃的一面。

向梦娟是武汉育才可立小学的一位人民教师,今年30岁,还是一个1岁半孩子的母亲。从武汉新型冠状病毒导致的肺炎疫情发生以后,第一时间加入到抗疫志愿者组织中,做起了接送医护人员上下班,救援物资运送,还有医疗队驻汉的服务专班工作。

向梦娟觉得:"汪勇他做事的时候是很冷静的,很正经的,然后很有原则性,我感觉他原则性很强。

"就拿我们一起去给滴滴司机送饭这个事情来看,就是上一次我们在发免费餐的时候,因为我们是在武胜路那个桥下来的地方,所以呢,我们的车就要排队。

"有很多司机就很不懂规矩,下来之后就插队,然后汪勇就会让他们掉头,必须得重新排队,不管是谁。

"我当时觉得,这一点我特别地欣赏他。"向梦娟由衷地说,"可能有其他人会觉得,哎呀,反正人家就插一个队嘛,

第五章
在顺丰成长的日子

滴滴司机排队领餐

我就给他呗。汪勇就说，他必须得排队。除非他有非常非常特殊的任务，比如说现在车后面有医护人员，他着急赶着去上班，可以。那我们会让他把车往前面迁，这是为了不影响后面的车，也尽量要避免一下。但是一般情况下，汪勇都是会让别人掉头。所以这一点我很欣赏，也能反映出一个人做事的态度吧。"

在向梦娟看来，作为一个志愿者，如果不把这个现场的秩序给维护好的话，那么就会乱，那这个事情就没有做好。

这也正是向梦娟很欣赏汪勇的原因，汪勇不仅想做事，而且要把事情做好，做到细致入微。

向梦娟说道："我总是在说，志愿者要做事，做好事，那就要把这个事情做好，如果一个事情没有做好的话，那这个事情就会成为一个错误，成为一个负担，它就有负面的影响，那

生命摆渡人

我们就不要做这个事。"

也许正如汪勇自己所说,他的本性是冲动热情的,但是,在做志愿者的过程中,他控制着自己的脾气,耐着性子,为了重要而又有意义的事,他选择了改变自己。他在向梦娟眼里,就和他眼里的自己,判若两人了。

这个帮助他人的过程,也磨炼了汪勇自己。他从一块原始的璞玉,渐渐被雕琢为美玉。正所谓,玉不琢,不成器。

而这份精心雕刻,源自他自己的心。

第五章
在顺丰成长的日子

4. "最美快递员"汪勇火线入党

《人民日报》、中央电视台等媒体报道了汪勇的事迹以后,顺丰公司也给了汪勇嘉奖提升。

2020年2月19日,汪勇接到公司领导电话:"你被升职为部门经理,管理四个营业网点。"

从前的顺丰小哥、丰e店主汪勇,连升三级,成了部门经理汪勇。

2月21日汪勇做了新冠肺炎检测,结果显示正常,他在朋友圈里晒了这张图片,让大家安心。

生命摆渡人
Shengmingbaiduren

2020年2月26日,国家邮政局印发通知,决定授予汪勇"最美快递员"称号。

这是快递行业里非常高的荣誉。

在顺丰公司内部,包括老总王卫在内的很多同事也向汪勇表达了钦佩和敬意。

2020年2月28日,因为"汪勇主动投身没有硝烟的战场,把个人安危置之度外,共战疫情,共克时艰,守望相助",武汉市江汉区委组织部对他的优秀表现给予充分肯定,并批准江汉经济开发区工委,"火线"发展汪勇为中国共产党预备党员。

就这样,他火线入党,成了一名预备党员。

小时候的汪勇,无论如何也没有想过,自己会成为一名共产党员。

"成了共产党员,真的是很光荣的一件事情。"他说,"从前哪敢想?不靠谱嘛。你自己什么学历?做了什么贡献?感觉离那个太遥远了。肯定没想过。"

然而,小时候觉得不靠谱的事情,现在变成了事实。

在昔日的"发小"眼里,汪勇的能力很强。

发小饶连安和汪勇交流了很多。谈到救援的表现,饶连安说:"他的能力在那批志愿者里很突出,所以志愿者和他的领导都对他评价很高。他是那一批志愿者里面指挥型的。"

第五章
在顺丰成长的日子

跟小时候相比,饶连安觉得,汪勇的责任心更强了。

"以前是个小孩子,当然是爱玩的。在长大后,结婚后,责任多了,承担更多。"

5. 关于未来，他想一直把公益做下去

聊到汪勇目前的经济状况，他如实说道：

"有网站给我发了2万块钱。这些钱，还有我出租房收的一个租金，就是3个月一交嘛，7600块钱，这些大概还有1万多块钱，都花了，花在疫情方面了。"

汪勇还了他上个月的房贷，还不够，于是他找朋友"贪狼"又借了2万元。"贪狼"是汪勇认识的另外一个志愿者朋友，出力出钱，帮了大忙。

具体算下来，汪勇说：

第五章
在顺丰成长的日子

"反正,所有的钱应该还没花完,我这个月的房贷还没还呢,还完了估计也没钱了。"

我采访汪勇的时候存在一个担心,担心他为了帮助别人,顾不上自己的小家了。他做了很多自掏腰包的事,而这些细节,他没怎么对我说,我是从其他人那里问出来的。

好在,他升职以后,薪资待遇也提高了。

"以前没想到,我每个月还可以攒一点钱,应急突发的事件,孩子家里会不会病啊或怎么样的,以前不可能考虑这。我没有钱,能把车贷房贷搞清楚都不得了了。现在可以这样啦,除了正常开销,现在我只要有闲的钱,在家里应急就可以啦。要那么多钱干吗呢?"

我问疫情结束以后,未来,他有什么想法,会不会专门去做公益。

他直截了当给了答案:

"肯定的,我现在的工作重点就是这个。"

2020年4月,顺丰湖北公益计划启动,该计划旨在以实际行动参与抗疫,切实为疫情中的独居老人、学困儿童、高中生等弱势群体带去帮助,让他们尽快走出阴霾,恢复正常生活秩序。而汪勇作为顺丰公益的志愿者,一直参与其中。

"我现在的工作重点,就是和所有的我对接的团队的那个

生命摆渡人
Shengmingbaiduren

领导聊一聊,让这些团队不要散了。"

他用我们武汉本地的方言口音感叹道:

"这个时候出来的人绝对是能做事的人,拼命的人。不要让团队的人心散了。这么艰难地聚在一起,等到疫情过后,散了。别这样。"

他的目光,已经眺望到更远的地方。

汪勇心里,已经有了下一步的规划。他已经把大概的计划模型都做完了。

他估算着,疫情应该5月后结束,他大概6月份就可以开始实施了。等到6月和7月,他会摸清楚巴东线的所有实际需求。

巴东是湖北省恩施土家族苗族自治州的一个县,位于鄂西南。

到时候,他会安排两个人在当地收集所有实际的需求,之后会对接相关部门。

"我需要做到的,是在7月份开始做出企划书,对外宣传这个事情,号召这个事情。8月15日我们的人进入巴东,8月底9月初,结果就能出来。"

在汪勇筹划的这个蓝图中,他想达到的效果是:每两个村之间建一个篮球场,一个足球场。

"足球场很简单,篮球场复杂一点,需要做水泥地,线啊什么东西都要搞好,还有篮筐篮架那都不说了。"

第五章
在顺丰成长的日子

关于助学,他也有想法。

"上学的问题要解决,温饱的问题要解决,而且我们要解决的,不是说临时的问题——像有些公益活动中,给每个人送几瓶几提牛奶,每个人送一点东西之类的——我们不做这样的,我们希望解决的是,比如说我9月份进去,要解决到他过年。一直到过年,所有的生活物资的配备供给要够。

"还有,孤寡老人该怎么扶助?所有的信息收集后,都会具体落实到人。"

说到这些的时候,他的语速明显加快,显得很激动。

听着他踌躇满志的梦想,我能感受到他已经燃烧起来的热情。

汪勇说道:"还有那里的学校,或者明年或者今年,能否把电脑都普及?可能这个经济压力对他们来说很大。今年的经济形势也将导致他们根本就没有钱出来搞。"

熟悉电脑行业的汪勇很有信心:

"我能搞起来。很方便,二手电脑多得很,你要多少给你多少。

"你的网络搞不定吗?没网线?我全部投无线设备。之后我们用网卡来连接无线网,设备也便宜,就把他们学校的网络全部覆盖了,之后每年的费用我们承担。

"以我现在的号召力、统筹能力,包括随之而来越来越多

生命摆渡人
Shengmingbaiduren

的关注度,我做这件事情会很轻松。我因为这个公益得到了太多太多,已经超出了我的想象,例如我换了这个岗位后,可能就没有太大的经济压力。那么我得到的钱,应该用在哪里?"

这个问题,汪勇自问自答了。

"我这个人本身就很佛系,对物质没有太大的追求,我不希望人生过得特别豪华。钱够用就行啦,有一定的经济保障就行了,现在的生活是以前都没想过的。"

他想把他以后的人生,以后所能募集到的钱,用于仍然贫困的山村,献给那些还打不上球用不上电脑的孩子。

对于丈夫的这些想法,彭梦霞很清楚。

"我挺支持他的,因为我平时其实也是一个看到别人受苦自己心里难受的人。我还跟他讲,如果有可能的话,带我和孩子过去,我也很想去帮他们。"

彭梦霞很愿意带着女儿,去感受爸爸做的这些事情。

她说道:"女儿还小,可能现在理解不了。我想,如果一直在参与,她以后长大了会明白她的爸爸,包括她参与的这些事情,有什么意义。我们要以这种很慈爱的心,去帮助需要帮助的人。"

对此,汪勇也特别同意。他打算有机会,带着妻子女儿一起去参与。

第五章
在顺丰成长的日子

汪勇与河北援鄂医疗队

尾声：夜行路上的一盏烛光

2020年3月中旬，全国援汉医疗队有序撤离。

医护人员，都和汪勇依依不舍地合影留念。

汪勇站好最后一班岗，把他们的行李物品按照顺丰公司的政策免费寄回去。

这段日子，不管是对汪勇来说，还是对这些医护人员来说，都永生难忘。

这是穿越火线，经历生死考验的感情。

关注着汪勇的人们，大概都听说了，他跟这些医护人员的

生命摆渡人
Shengmingbaiduren

关系非常好，但是真正见到他们口中的汪勇，仍然惊讶于他和医护人员之间的感情。

2020年3月18日，汪勇在朋友圈发出祝福：

"其实跟很多人说过，她们愿意扛风险为我省口罩，我也愿意尽力为她们保驾护航，开始时互相感激，后面是互相信任，再后面是自然而然，我这么想这么做，她们也认可我的所作所为。一起拼过命，一起迎来曙光，一起凯旋，一起帮助了很多人，这些加在一起，就是我之前说的，我和医护人员的感情，是你们所有人羡慕不来的。余生很长，期望你们安康，快乐，幸福！无论未来如何发展，在各位医护面前，我还是那个你们熟悉的勇哥，疫情在不在，你们需要帮忙我一定在。"

来自医护人员的好评，实在是太多太多了：

"心中有爱，不图名利。"

"有能力，有爱心，有爱国情怀，是我们年轻人学习的榜样。"

……

护士赵娟给我写了一封很长的信，写她所记得的抗疫过程，写汪勇帮助她的点点滴滴。恰好呼应了汪勇的说法，他和医护人员的感情，是所有人羡慕不来的。

用赵娟的话来说：

尾声：夜行路上的一盏烛光

"无法想象这种特殊的时期，他只是一名快递小哥，是如何艰难地为我们医护人员筹到的这些物资。当时拿到这些物资，我们开心地笑了，笑着笑着，我们流泪了……

"疫情很可怕，很残忍，它夺去了很多人的生命。身为医护人员的我们，身体、心理压力都很大。他的出现，就像我们夜行路上的一道烛光，不亮，但是却给了我们继续逆行的温暖和勇气，让我们在逆行中不那么绝望和孤单。"

汪勇从一个顽皮的小孩子成长为一个勇敢有担当、有奉献精神的年轻人，这让老师鲁春华感到很欣慰，为汪勇感到自豪。采访到最后，鲁春华老师还送上了给汪勇的寄语：

"我们都说武汉是一座英雄的城市，我觉得汪勇就是我们城市当中平凡的英雄，是我们心目当中的英雄。人生的路很长，老师希望你呢，向着目标一步步向前走，不忘初心，踏实进取，用你平凡朴实的微光点亮生命。"

鲁老师的话，恰恰与医护人员说的话不谋而合。

她们都感受到了那微光的温热。

回想那一幕幕，赵娟说道："只有一同经历了苦难，才能真正懂得生命的可贵！感恩，感谢一起逆行的日子，希望他不忘初心，继续奋然前行，也祝福他和他的家人好人一生平安！"

随着外地医护人员陆续撤离，金银潭医院的医护们仍然在

生命摆渡人
Shengmingbaiduren

忙碌着,为武汉疫情最后的清零而努力。

汪勇发起了一个小小的活动,做一本纪念册——金银潭日记。

他邀请金银潭本院医护、全国援助金银潭医院的医护人员,还有附近酒店内的工作人员和金银潭医院的志愿者,一起来书写这本日记,留下"美美的照片"。

汪勇又一次周到地提醒:"最好用生活照,也可以用疫情期间的照片,您满意就可以。来自哪里哪个医院,支援金银潭哪个科室。后面可以写心路历程、感想甚至想对家人说的话、疫情中值得记录的故事,如果只能写一页纸,就写一页,一张纸有两页,如果能写两页的就写两页,随意。"

他们一起逆行的这段日子,将汇集成一本"非同凡响"的纪念册。

而他最近参与的扶助公益项目,也有了进展。这个项目叫顺丰湖北公益计划——"同心守护"困境老人关爱包。由社区提供符合要求的特殊困境老人名单,他们月底完成首次爱心包发放。

孤寡、独居等特殊困境的老年人,本来就是社会弱势群体。在平时,他们就已经生活艰难。在此次疫情的影响之下,他们更是缺乏自我保护和生计保障的能力。

尾声：夜行路上的一盏烛光

顺丰公益为独居或困难老人提供关爱包

生 命 摆 渡 人
Shengmingbaiduren

再加上城市及交通管控影响，市场供销不畅，一些必要生活物资紧缺，购买困难，处在疫情中心的武汉市情况尤为严重。老年人因现金缺乏、不适应手机网购，更加陷入困境。

第一批爱心包，送往武汉的常远里社区。

前进的脚步，停不下来。

这就是汪勇。

白衣战士们是最美的逆行者。

而他，照亮了这些最美逆行者。

他是他可爱女儿眼里的超人。

他是这些医生护士心中万能的勇哥。

他是武汉人民心中的英雄。

他是生命的摆渡人。

这个春天，做志愿者是他的起点，他将沿着这条路继续前行。所有的过去，都会成为新的人生序章。

他一定能达成这个目标，并且还会完成更多的公益梦想。

我深深地相信这一点。

山河无惧，来日可期。

后记

哀悼与致敬

吾国吾民,每当大灾大难来临之际,总有人勇敢站出来。

这些人,也许平日里看起来很平凡,甚至连他们自己都不觉得自己多么优秀。

我很喜欢汪勇的个性,他是个性情中人。

他在讲述自己的故事时格外坦诚。

他的童年时代,他的成长经历,完全不是标标准准的所谓优秀生。他觉得自己身上有着很多的毛病和缺点。几乎可以说,他的青年时代,迷茫而按部就班,没有什么理想,没有宏图大

生命摆渡人
Shengmingbaiduren

志。一般人会用庸庸碌碌来形容。家庭经济条件不佳,他的学生时代也沉迷游戏,浑浑噩噩。他的家庭破裂过一次,第二次重新组织,为家庭打拼,承担责任。这个时候他已经35岁了。他毫不避讳自己曾经的小市民心态,抽烟喝酒吃喝玩乐,日常工作会较真,被投诉了很生气,冲动脾气爆发了想打架。

但是,他却能在最关键的时刻,燃烧闪耀。

这可能令大家瞠目结舌。

这种反差感,我相信,本书的读者一开始会很强烈。

我却没有觉得太意外。

这当然是因为,他还有一份朴素的深情。来帮武汉的人,他就要去帮他们。

汪勇的同学、老师、妻子、父母和同事,都提到他很有责任心。这正是一个人的立身之本。

越朴素的东西,越抵达本质。其实,骨子里,这也是中国人最珍贵的道义。

这种英雄气概,化为最实际的英雄行为。

这些医护人员,这些志愿者,他们难道不害怕死亡吗?他们难道没有亲人吗?他们也害怕,也有深爱的家人。

可是他们就是下定了决心,冲上了前线。

武汉遭劫,暴露出形形色色的问题。

后记

疫情让千百万人饱受煎熬。

那些丑陋无耻瞒报和稀泥的、不作为没担当的、渎职没骨气的，都冒出来了。

与此同时，那些热血热泪的、拼死拼活的、为国为民的，也全部发光了。

留守在家的，在忍耐配合。

出门做事的，在舍生忘死。

总要做点什么，为了自己的家园，为了自己的同胞。

这是汪勇以及和他类似的人最直白的声音。

鲁迅说：我们从古以来，就有埋头苦干的人，有拼命硬干的人，有为民请命的人，有舍身求法的人……虽是等于为帝王将相作家谱的所谓"正史"，也往往掩不住他们的光耀，这就是中国的脊梁。

帝王将相早该丢到历史的故纸堆。

汪勇是一位快递小哥，他不是帝王将相。

他是中国千千万万的普通民众之一。

他选择了担当，也选择了作为。从这一刻开始，他就是英雄。

历史上，这样焕发光彩的，并不少见。

湖北在古时候为荆楚之地。荆就是荆棘丛林的意思，楚人

生命摆渡人
Shengmingbaiduren

披荆斩棘，刀耕火种，先民守在这方土地，个性倔强，心忧天下。楚人不服输，是有很多典故的。

精神上的东西，可以传承不朽。

我们有"苟利国家生死以，岂因祸福避趋之"。

我们有"穷则独善其身，达则兼济天下"。

我们还有"天下兴亡，匹夫有责"。

这次疫情，让许许多多人都觉得疫情与自己息息相关，忧心忡忡，不能置身事外。几千人失去生命，成千上万的家庭陷入苦难之中。除了哀悼与顶礼，还要问责与反思。

这种潜意识的内心信念，仿佛火山一样，一直在地底压抑，滚烫的岩浆涌动，直至喷发出来，世人才目睹巨大的能量。

所以，不必惊讶，为什么他会成为英雄。

如果要为这样的惊讶寻找答案，我以为，那是千百年的优秀传统，潜移默化，早就融入了人们的血脉，储存在一代代人的心底。

自己的家，自己捍卫。自己的国，自己要救。

他一路走来的挫败感，他得知医生感染的悲伤，就在于这种情感的相连。

这是一种长存于中国人内心的隐蔽纽带。

疫情改变了太多太多人。对我来说，经历了所有店铺关

后记

门,菜都买不到,孩子的奶粉尿不湿也买不到,各种担忧与恐惧的日子。在种种困苦以后……我们活下来的人,要好好活着。那些死在这场灾难里的人,我们要负责记住他们。

跟汪勇一起参加救援的华猛,也打算疫情结束以后,投身公益。他说:"我觉得应该会跟汪勇有合作。我想要帮扶老人,或者是对这次疫情中家庭缺失了的小孩们,进行帮扶。因为我自己这边的公司有儿童教育,应该说是发挥所长吧,尽我所能地去帮扶这些需要帮助的人。"

有一个小细节,特别想提一下。我的一位朋友,湖北省人民医院的沈吟医生,在近期发的朋友圈被我注意到。

内容是这样的:一位华西医疗队的医护工作者,在武大人民医院东院参加援助,疫情稳定,他们撤退之际,几个同事商量,打算把补贴捐了。所以,他们找沈吟医生联系困难群众,"走的时候,要给武汉人捐点钱,比如特别困难的群体,老人孩子什么的"。

看到这样的温暖讯息,我不由得眼泪涌出。太感谢这些为我们拼命的人了。也太感动于他们的这份心意了。我真心希望这些外省市医护人员把补贴留着,我们武汉人会努力振作起来,我们会想办法互帮互助的。

我还想提提湖北本地的医护人员。正如一位外地网友

生命摆渡人
Shengmingbaiduren

所说：

"我们派出的是逆行者，你们自己的全是敢死队，没有他们，十万援军都不够用的。辛苦了。"

武汉的医护人员，湖北的医护人员，他们同样值得接受最高的致敬。

这般自发自愿，所以才有上下齐心，所以才有同舟共济。

天若有情天亦老，人间正道是沧桑，所以我们要更加哀悼不幸，顶礼英雄。

汪勇，他是我们80年代人的骄傲。

致敬我们的白衣战士。

致敬所有出生入死的摆渡人。

本书涉及大量事件细节，难免失误，挂一漏万。如有差错，还请广大读者朋友指正，我将争取进一步订正。

本书内容主要为汪勇本人的口述，在写作中亦参考了部分媒体正式新闻报道。在此一并向奋不顾身在疫情一线报道的新闻战士致敬。

附录:《金银潭日记》节选

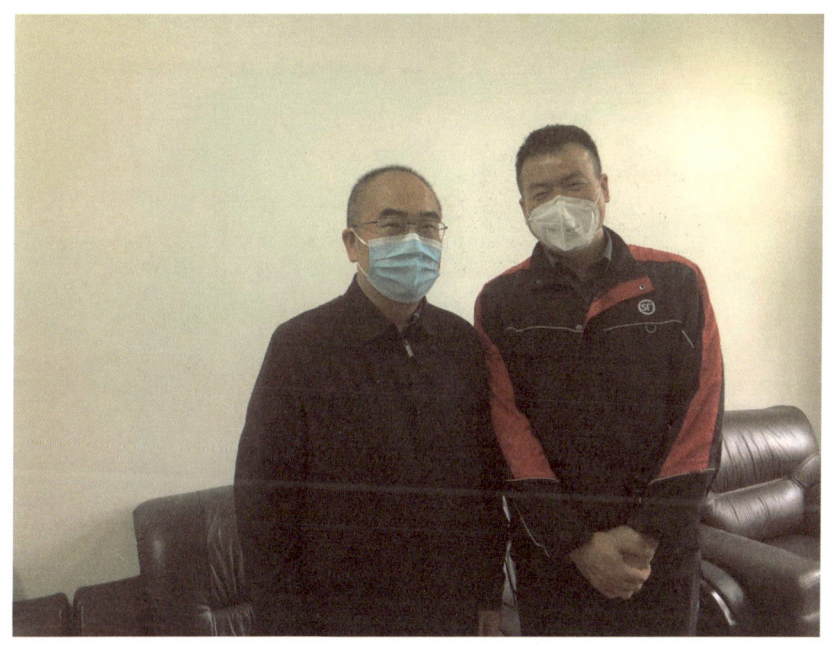

金银潭医院院长张定宇与汪勇

生命摆渡人

Shengmingbaiduren

我叫廖巧燕，来自武汉市第四医院NICU的一名护士，1月4日来到金银潭医院ICU支援，为了同一个目标，来自不同医院的白衣战士们聚集在一起，在这寒冷的日子里，笑过、哭过，各种滋味，五味杂陈。

在重症监护多间隔离病房里，穿着裹气的防护服，戴着厚厚的N95口罩，背着沉重的动力送风系统，初期因人员和物资缺乏，最长工作十多个小时，期间不吃不喝，不能上厕所。由于收治的是危重症患者，各种仪器设备：心电监护、呼吸机、CRRT、ECMO……各种管道：胃管、气管插管、引流管、尿管……各种操作治疗：静脉输液、输血、雾化、静脉采血、血气……以及各类护理文书书写，患者的生活护理。这期间随时会面临抢救，面对如此高强度的工作，有时感到特别疲惫，但看到他们有的因害怕而恐慌焦虑时，我知道此时我们就是他们的依靠，我们要用信心去鼓励他们，并尽自己最大的努力做好每一次工作，使他们能愈断好转，早日康复！

我们大家在一起艰苦奋斗的同时，也收获满满。亲人、朋友们的点滴问候与支持："一定要照顾好自己"、"尽量吃好睡好"、"要做好自身防护"、"经常向我报告你的情况"、"有什么需要要及时告诉"、"回来了来我家吃饭"……志愿者们在寒冬时的雪中送炭：热气腾腾的饭菜、新鲜的水果、暖心的羽绒背心、舒服的护士鞋、下雨时的雨伞、充饥补身的鸡蛋、节日里的饺子、回家时的爱心护送……上班同事间的互帮互助：彼此间相视一笑的鼓励，插管时的协助合作，穿脱防护服的相互监督……这些不断的关心一直温暖着我，给了我无尽的力量！

春已到，花已开，终于我们迎来了胜利的曙光！我们建立了深厚的革命友谊，约战友们约定：一起去吃心心念念的火锅，一起去看灿烂的樱花，一起去极地海洋世界玩耍，再入住海风情假日酒店。待疫情结束，期待我们再见相聚！

生命摆渡人

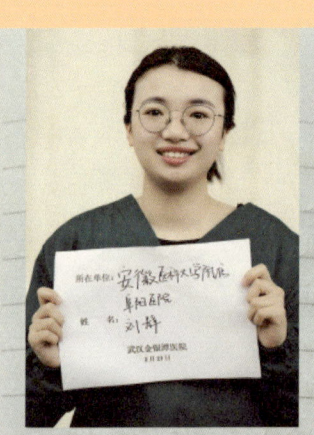

姓名：刘婷
工作单位：安医大第四附属医院
职称：护师
支援：武汉市金银潭医院
支援科室：院入
支援时间：2020.1.27—3.31

1.27晚我在上夜夜的看十台钟接到科室护士长电话讲紧急函徵集要重在人民支援武汉，当时没有太多考虑便同意去支援。个夜班过的忙碌后足迅速赶回收拾东西，早晨领接到通知需要在今合肥，抓到时间回忆收拾去衣服，赶到医院，当时院领导都院都带着为我们送行。1.28 12:00左右，合肥省长和省委书记给我们送行后下午驱车赶往武汉，23:00左右到旺角也乐多酒店入住703房间。1.29凌晨短暂休整后下午赶到武汉2:00左右铜陵医院集合培训。1.30号8:00分配科室，我被分配到了院入科病房，大剑院入科刘敏科长对我们进行了科室的接介绍及相关的注意事项。就这样开始了在金银潭院入病房，为期64天的工作。刚开始穿上防护服，戴上护目镜，拎上18602号进入到足足院其实有很多个护士，护目镜在6.7个小时之后21号位五层雾霾，只能张口呼吸。在这里工作虽然很辛苦，尤其后最后防疫越来越低，好多同事都晕晕中暑，但是收获远大于付出的公式。在这里认识了更多的姐妹，收获了太多亲人的爱护，他们在我脆弱了展

生命摆渡人

吴彦妩
上海市静安区彭浦新村街道社区卫生服务中心
团队行政助理
2015年11月于野交通大学
2003年～2011年 市北医院
2011年至今 彭浦新村街道社区卫生服务中心
2020.1.27～2020.1.31
武汉市银潭医院支援

2020年开年，凛冽的寒意卷过了大江南北，一种新的新冠肺炎病毒，悄然笼罩在江城武汉上空。1月23日，"武汉"封城"，全国大部分地区先后进入公共卫生事件应急一级响应。在一年里最寒冷的季节，面对病毒狡黠的淫威，除了疫情防控之外，全国忙找下了箭待键，冰冷的天更添了凉意。

除夕，收到中心发给每位职工的倡议书，希望有呼吸科和重症科经验的护士可以报名支援武汉。来不及多想，几乎是第一时间我回了信息，表达了我的意愿，没有一丝犹豫和惧怕。年初二的下午，收到了领导的信息，随时角后作箱出发！这一刻我挺意识到，这场疫情真的很严重！因为报名短缺，我要想尽办法帮助武汉！年初三晚七点半，火车准时从虹站出发，开往最需要帮助的武汉。第二天凌晨四点半，停靠在武昌火车站，眼前的景象真的我呆了！武汉变成了一座"空城"，原本熙熙攘攘的大街上空无一人，武汉真的病了，病得很严重，让人心痛！

来不及多想，迅速整理行囊，反复多次接受穿脱防护服培训，在到达

生命摆渡人

武汉的第二天去往了新闻中提到的金银潭医院。金银潭医院是此次疫情出现使无始收治病人的医院，也是病人病情最重、医护最短缺的医院之一。穿戴防护服，准备进入病区的我，第一次有些许害怕，不知道病房内情况如何，也害怕病毒从此刻开始是否已经把我包围。进入与病人直接的最后一扇门时，我下意识屏住了呼吸，闭起了双眼。监护仪时不时报警，高频氧会因病人呼吸情况改变而发出嘟嘟声，对讲机不停地在呼叫10床呼叫，17床呼叫……由不得害怕，我要做的就是尽快帮助当地的护士缓解工作压力，尽快地适应病房各项工作流程，尽快为患者提供更好的护理。

60多个日日夜夜，我奋战在一线，忍受着生理期带来的不适感，克服了心理上的恐惧与害怕，忍受着没有家人陪伴的孤独。用一次次高质量的优质护理，赢得了病人、战友对我的肯定，"眼睛会笑的姑娘们"是病人对我的爱称，我也时刻努力带给他们积极正面的表现，给予他们家人般的温暖。

作为一名社区护理工作者，有人一定会问："为什么社区也会有援鄂的呢？"是的，作为上海乃至全国社区护理工作的代表，很幸运能够亲身参与此次援鄂工作，社区人一样可以用高效、优质的护理，为患者带来希望！

武汉的重启键已开启，"封城"两个月后，胜利的曙光已隐约可现，3月下旬，中国境内的新冠疫情新增病例，已多天均为零或者为零，这预示着中国抗击疫情的人民战争、总体战、阻击战取得了重大成果。这么短的时间，以这么高效的方式、成功应对这么危急的疫情，中国是第一个！

没有一条天不可逾越，没有一个冬天不会来临！武汉是一座英雄的城市，武汉人民也是英雄的人民！在武汉当地和上海同去支援的伙伴们，我们都是经历过"生死"的朋友，愿岁月变好，在各自的工作岗位上继续发光发热！

2020.1.31.
武汉

附 录

姓名：姜文兵
原工作单位：武汉大学人民医院
原科室：重症医学科
职务：护士
主技职称：主管护师
教育经历：2012.6毕业于湖北医药学院（本科），2018.9考入武汉大学非全日制硕士研究生
支援科室：金银潭医院南六楼
支援时间：2020.1.18-2020.2.9

乙亥末，庚子春，荆楚大疫，染者数万计，众惶恐，举国防，皆闭户。南山携守钟南都，率白衣郎中数万抗之，且九洲一心，月余疫尽去，国泰民安。

很荣幸，我是这数万抗疫一线战士中的一员。

事实上，我们团队临危赴鄂疫前线时，被称呼我们为"英雄"，其实我不喜欢这样的称呼，总觉得"英雄"一词过于悲壮。我们是来扑去疫情的，我们也必将争取这场"战疫"的全面胜利。我们必须有信心，我们必须相科学，我们必须携起手来，一起走向胜利。

我们团队有姐七人入驻金银潭南六楼，除了我以外还有武大人民医院重症医学科副主任余追教授，李光医生，谢红杰医生，郑霞通医生以及赵瓶玲护士，程全护士。我们是带着成立北山的使命去的，我们去的时候并不知道疫情会呈现成何种态势，但我们一进入那岗位就发现事情不是我们想象得那么简单。我看到了南六楼未科室医护团队疲惫的双眼、满脸的印痕，也看到了患者眼神中透露出的坚强的抗疫欲，我感觉到了一股浓雾弥漫在金银潭医院的上空。

我们团队到金银潭南六楼医护团队在张定宇院长带领的金银潭

生命摆渡人

姓名：巧雅婷

武汉市金银潭医院感染传染科医师　2017.6毕业

一直不知道写什么，总觉得有千千万万个和自己类似的人在奋斗。我是2017年毕业后考编制进的武汉金银潭医院，一起的还有黑朋友同海翼，我和他是大学同年，一起毕业，一起考的工作。

2019年我和他在武汉市第三医院进行国家重点培训。2020年1月份他在武汉市第三医院感染科轮转，他在不知情的情况下，带着普通外科口罩收了一个当时无发热，后来咽痛认为新冠的患者。当时武汉还是恐慌的，仅仅对新进患者隔离的，我在当时任轮转血液内科，脚连听到哪个科的哪个医护同时发烧，接触不明原因肺炎的患者，后来判为确诊为新冠，这样的消息越来越多，恐惧越来越怕。作为亲密接触的他接触确诊患者，我开始害怕，问我同他说我更加害怕。同科室老师也热心，我更焦虑了，排队做CT，做2.3个人CT审核开始焦躁。排队时我很恐慌了，同事年太高了吧，慢慢武汉晴了陕，封城了！科室开始停人，关闭科室，我用海翼，因为怕恐慌及我于他，市里面居民都病，都吵好大打电话回家，揣她了一次又一次，不能回家。1月31日接到金银潭医院，8晚，找了三个社区都收我到轻症定点医院去医院。最后三医院老师带我回到陷眼咽，核酸检测阴性，CT正常，安心上岗了。

回到金银潭第二天就开始升辛苦，倒夜班，负责收入，第一个夜班就下来了7个新病人会都很重，加煤气吸着头有呼吸窘迫。当时里面包毡2不是随意脱下得下去换。7个氧气瓶十卜来发了8个氧气瓶从紧急的脸呆救出来，病人很重状态，当时80%有底氨。高龄病老史的爷爷都久些早下来。为床了，新闻报道火神山，雷神山开业，慢慢病床有可以腾底位了，多时收7.8十多的教，一来还有百分之七十多的恶花，一夹就马赶快上高仓呼吸机，插管。但有，捶叫同抢病人，年轻的男子带病人不肯活。惜伏事的。晚上一个人在急诊这，有时候最收了7.8个病人，今的同科室的老师来帮忙，记得有一次同海翼都在忙排在7个病人为院，第一个病人已发来，同海翼讲去收病人，打电话医嘱来带病人。我们战斗到科会，第二个病人不把蛋我们以时回来，为了省防护服，用海翼，这后陕，一直在里面来，又到深夜三点身他病人才检阴性接收来，们到了早上说在号，时间还半夜就上班了，上到11点半，回酒店睡觉。下午我在轮班我在在讲了，那个时候是真的好苦，但态度慢慢病人就没那么多了，现在也不会常收到电更是有自己二十几的主人。感谢所的努力所致了感恩支援，感恩大家的努力，感恩，感谢，这一段任何一颗粒都闲老。了，未来的金宝写不下了，还有好多话想说。

参考文献

1. 余子玉, 柳芳. 勇守金银潭——来自隔离病房一线的非正式日记 [Z/OL]. 湖北之声微信公众号, 2020 年 1 月 27 日, https://mp.weixin.qq.com/s/wbeStweO2lGbyhiO3h0lxg.

2. 吴雪. 快递小哥搞定金银潭医护难题: 我送的不是快递, 是救命的人啊! [Z/OL]. 新民周刊微信公众号, 2020 年 2 月 15 日, https://mp.weixin.qq.com/s/ClBv1ZomfQ__GG2AFHEKrQ.

3. 任珊珊. 致敬普通人 把感动化为行动 [N]. 人民日报, 2020 年 2 月 27 日 20 版.

4. 陈思源. "组局人" 汪勇: 前线医护人员背后的守

护者[EB/OL].央视网,2020年2月24日,http://news.cctv.com/2020/02/24/ARTIwCEIePvdjfW6QcIfyhn3200224.shtml.

5. 李远穆.在人间|妈妈在武汉隔离病房去世[EB/OL].凤凰网,2020年1月28日,http://news.ifeng.com/c/7tbwSrNY0Tw.

6. 朱畴文.一位从上海驰援武汉医生的谈话录音,很真实,很感人[Z/OL].经济日报微信公众号,2020年3月5日,https://mp.weixin.qq.com/s/urBnuGcECw0gha6fTjPgCQ.

7. 张玥,张笛扬,敬奕步,李在磊.四人殉职,四人濒危——武汉中心医院"至暗时刻"[Z/OL].南方周末微信公众号,2020年3月11日,https://mp.weixin.qq.com/s/7KNoEt2n0jK-PJmntlXwdg.

8. 郭静.口述实录:心怀恐惧,依然前行|武汉武汉[Z/OL].中央广电总台中国之声微信公众号,2020年3月13日,https://mp.weixin.qq.com/s/elfW47CYTvuQon_TSzysTw.

9. 驰援日记|敲锣求助女孩的母亲目前病情稳定[EB/OL].杭州日报新闻客户端,https://baijiahao.baidu.com/s?id=1659405562385499741&wfr=spider&for=pc.

10. 太子琪.中国病人在方舱医院跳舞,国外网友都在问[Z/OL].再深一点微信公众号,2020年2月14日,https://mp.weixin.qq.com/s/stF4gyTglfYW_eknweEQRA.

11. 谢宛霏, 张敏. "超人" 汪勇: 你来保护武汉 我来保护你[N]. 中国青年报, 2020年3月16日01版.

12. 余瑾毅. 武汉市中心医院急诊兵团奋战40余天时时都在拼搏 天天都是战斗[N]. 湖北日报, 2020年2月13日03版.

13. 王烁. 武昌医院院长刘智明走了, 曾给妻子留下这样一条信息[Z/OL]. 央视新闻微信公众号, 2020年2月20日, https://mp.weixin.qq.com/s/8CiNZmqgJ2MttaYQEPTgbA.

14. 吕进玉, 林志吟. 李文亮和他的最后十天[Z/OL]. 第一财经微信公众号, 2020年2月8日, https://mp.weixin.qq.com/s/WhjmyowQhL-Oa4JDHfWtKA.